D0084036

STUDENT ACTIVITIES MANUAL
FOR

Intrigue

Langue, culture et mystère
dans le monde francophone

THIRD EDITION

Elizabeth Blood
Salem State College

Yasmina Mobarek
The Johns Hopkins University

Prentice Hall
Boston   Columbus   Indianapolis   New York   San Francisco
Upper Saddle River   Amsterdam   Cape Town   Dubai   London   Madrid
Milan   Munich   Paris   Montreal   Toronto   Delhi   Mexico City
Sao Paulo   Sydney   Hong Kong   Seoul   Singapore   Taipei   Tokyo

Executive Acquisitions Editor: Rachel McCoy
Editorial Assistant: Noha Amer Mahmoud
Executive Marketing Manager: Kris Ellis-Levy
Marketing Coordinator: William J. Bliss
Executive Editor MyLanguageLabs: Bob Hemmer
Senior Media Editor: Samantha Alducin
**Senior Managing Editor for Product
    Development:** Mary Rottino
Associate Managing Editor: Janice Stangel
Production Project Manager: María F. García
**Development Editor for Assessment/Media
    Editor:** Meriel Martínez
Senior Art Director: Pat Smythe

Art Director: Miguel Ortiz
**Senior Manufacturing and Operations Manager,
    Arts and Sciences:** Nick Sklitsis
Operations Specialist: Brian Mackey
Manager, Cover Visual Research & Permissions: Karen
    Sanatar
Project Manager: Francesca Monaco, Preparé, Italy
Composition: Preparé Inc./Emilcomp s.r.l.
Printer/Binder: Bind-Rite Graphics/Robbinsville
Cover Printer: Bind-Rite Graphics/Robbinsville
Publisher: Phil Miller
Image Credit: Brian Yarvin/AGE Fotostock America, Inc.

This book was set in 11/14 Minion.

Copyright © 2011 by Pearson Education, Inc., publishing as Prentice Hall, 1 Lake St., Upper Saddle River, NJ 07458.
All rights reserved. Manufactured in the United States of America. This publication is protected by copyright, and permission
should be obtained from the publisher prior to any prohibited reproduction, storage in a retrieval system, or transmission in any
form or by any means, electronic, mechanical, photocopying, recording, or likewise. To obtain permission(s) to use material
from this work, please submit a written request to Pearson Education, Inc., Permissions Department, 1 Lake St., Upper Saddle
River, NJ 07458

10 9 8 7 6 5 4 3 2 1

Prentice Hall
is an imprint of

PEARSON

www.pearsonhighered.com

ISBN 10:
0-205-74142-8

ISBN 13:
978-0-205-74142-7

TABLE DES MATIÈRES

1 Un séjour en Louisiane

Pour réviser

■ *Activités orales*

01.01 Comment dire : les rencontres (salutations et présentations)
01.02 Comment dire : les rencontres (suite)
01.03 Comment dire : écrire une lettre (dictée)
01.04 Comment dire: je me présente

■ *Activités écrites*

01.05 Vocabulaire : les voyages
01.06 Structures : les articles définis et indéfinis
01.07 Structures : la négation
01.08 Structures : l'interrogatif
01.09 Structures : l'infinitif et le présent
01.10 Structures : le présent
01.11 Structures : le présent
01.12 Structures : le présent
01.13 Vous rappelez-vous ? les verbes irréguliers au présent
01.14 Culture : quiz culturel
01.15 Culture : comparaisons
01.16 Littérature : suite

■ *Activités audiovisuelles*

01.17 Avant de regarder : que savez-vous déjà ?
01.18 Avant de regarder : vocabulaire
01.19 Vidéo : profil personnel
01.20 Vidéo : compréhension
01.21 Vidéo : structures (le présent)
01.22 Vidéo : vocabulaire
01.23 Vidéo : culture

Pour réviser

■ *Activités orales*

🔊 **01.01 Comment dire : les rencontres (salutations et présentations)** *Vous êtes à la Nouvelle-Orléans, rue Bourbon, où vous rencontrez Claire Plouffe pour la première fois. Elle a l'air un peu perdue. Écoutez ce qu'elle vous dit et choisissez une réponse polie et logique.*

1. **a.** Bonsoir.
   b. Ça va, merci.
   c. Quelle surprise !
   d. Bonjour, madame.

2. **a.** Ça va. Et toi ?
   b. Ils vont bien.
   c. Très bien, merci. Et vous ?
   d. Pas mal. Et toi ?

3. **a.** Quoi de neuf ?
   b. Je pense qu'il va pleuvoir.
   c. On se tutoie ?
   d. Excusez-moi.

4. **a.** Salut, Claire.
   b. Tu vas bien ?
   c. On s'est déjà rencontré.
   d. Je m'appelle… *(votre nom)*

5. **a.** Qu'est-ce qui se passe ?
   b. Quelle chaleur !
   c. Pas mal. Et toi ?
   d. Je suis de… *(votre ville)*

6. **a.** Eh… je ne sais pas.
   b. Je n'ai pas d'argent.
   c. Permettez-moi de me présenter.
   d. À la prochaine !

7. **a.** C'est un plaisir de vous rencontrer.
   b. Salut, Philippe.
   c. On se connaît, non ?
   d. Ciao !

8. **a.** Au revoir, madame.
   b. Salut !
   c. À ce soir.
   d. Enchanté(e) !

🔊 **01.02 Comment dire : les rencontres (suite)** *Quelques jours plus tard, vous revoyez Claire Plouffe dans un club de jazz du Vieux Carré. Écoutez ce qu'elle vous dit et choisissez une réponse polie et logique.*

1. **a.** Il est neuf heures du soir.
   b. Je ne veux pas savoir l'heure !
   c. Quelquefois.
   d. Moi aussi !

2. **a.** Toi, encore !
   b. Merci beaucoup.
   c. À la prochaine.
   d. Quelle coïncidence !

3. **a.** Peut-être.
   b. Oui, on s'est déjà rencontré.
   c. On se tutoie ?
   d. Non, vous vous trompez.

4. **a.** Au revoir à vous aussi.
   b. Ça me fait plaisir de vous revoir aussi.
   c. Je déteste le jazz.
   d. Tu as une bonne mémoire.

5. **a.** Non, très rarement.
   b. Oui, je suis étudiant.
   c. C'est bizarre, non ?
   d. Quelle surprise !

6. **a.** De temps en temps.
   b. C'est pas possible !
   c. Vraiment ? Moi aussi !
   d. Que faites-vous ici ?

7. **a.** Non, jamais !
   b. Non ! Mais, moi aussi, j'aime Zachary Richard !
   c. Oui, toujours !
   d. Tiens ! C'est vous !

8. **a.** En effet !
   b. Quelle coiffure intéressante !
   c. Normalement.
   d. Enchanté(e) !

🔊 **01.03 Comment dire : écrire une lettre (dictée)** *Voici un paragraphe d'une lettre qu'Henri Hébert, homme d'affaires louisianais, écrit à un ami. Vous allez entendre ce texte trois fois. La première fois, écoutez attentivement. La deuxième fois, le paragraphe sera lu plus lentement. En écoutant, écrivez chaque phrase exactement comme vous l'entendez. La troisième fois, écoutez encore en relisant ce que vous avez écrit pour vérifier votre transcription.*

_____

_____

_____

_____

_____

_____

_____

_____

_____

_____

_____

_____

_____

_____

01.04 Comment dire : je me présente *Imaginez que vous rencontrez Henri Hébert et que vous voulez vous présenter à lui. Parlez votre présentation à haute voix. N'oubliez pas les éléments suivants : une salutation, votre nom, votre âge, votre nationalité, où vous habitez, où vous étudiez.*

■ *Activités écrites*

01.05 Vocabulaire : les voyages *Philippe Aucoin trouve un bout de papier par terre dans la cour de l'hôtel. Il le lit. C'est un résumé du premier jour de Claire à la Nouvelle-Orléans. Choisissez le meilleur mot de* **vocabulaire** *ou la meilleure* **expression** *pour terminer les phrases.*

1. 1h30 : Elle quitte le Québec sur Air Canada, _____ 322.
   a. taxi   **b.** vol   **c.** voyage   **d.** avion

2. 14h00 : L'avion arrive à l' _____ de la Nouvelle-Orléans.
   a. hôtelier   **b.** aéroport   **c.** entrée   **d.** État

3. 14h15 : Elle cherche ses bagages — _____ et un sac à dos.
   a. un bagage   **b.** un sac à main   **c.** un portefeuille   **d.** une valise

4. 14h20 : Elle prend _____ pour aller en ville.
   a. un taxi   **b.** un avion   **c.** un voyage   **d.** un guide

5. 14h55 : Elle arrive à l'hôtel et demande sa clé à _____.
   a. l'escalier   **b.** l'ascenseur   **c.** la réception   **d.** la cour

6. 15h05 : Elle paie avec _____.
   a. son portefeuille   **b.** le fer forgé   **c.** sa carte de crédit   **d.** le temps

7. 15h20 : Elle monte _____.
   a. la chambre   **b.** la cour   **c.** l'escalier   **d.** les espèces

8. 17h15 : Elle _____ dans le Vieux Carré.

    a. se lève   **b.** s'appelle   **c.** se présente   **d.** se promène

9. 17h45 : Elle achète un sandwich dans un _____.

    a. balcon   **b.** foyer   **c.** restaurant   **d.** costume

10. 18h15 : Elle _____ la cathédrale Saint Louis à Jackson Square.

    a. reste   **b.** visite   **c.** réserve   **d.** sourit

11. 19h00 : Elle prend un verre de champagne dans _____ de l'hôtel.

    a. l'ascenseur   **b.** l'escalier   **c.** la réception   **d.** la cour

12. 20h00 : Elle retourne à sa chambre et s'assied dehors (*outside*) sur _____.

    a. l'ascenseur   **b.** le balcon   **c.** la salle d'exercices   **d.** la chaleur

01.06 Structures : les articles définis et indéfinis *Philippe Aucoin veut retourner le papier à son propriétaire. Il monte à la chambre de Claire et frappe à la porte. Complétez la conversation avec un* **article** *de la liste suivante. Vous pouvez employer un article plus d'une fois.*

un, une, des, le, la, les, de

PHILIPPE : Bonsoir, madame. Excusez-moi de vous déranger, mais j'ai trouvé (1) _____ papier qui est à vous, je crois. J'étais en train de nettoyer (2) _____ cour après (3) _____ heure du champagne, et (4) _____ papier était par terre.

CLAIRE : Mais, vous vous trompez. Je n'avais pas (5) _____ papier avec moi. Est-ce que je peux regarder (6) _____ papier que vous avez trouvé ?

PHILIPPE : Bien sûr.

CLAIRE : Tiens ! C'est (7) _____ liste (f.)... mais ce n'est pas vrai ! Il s'agit de moi ?

PHILIPPE : Oui, madame... et ce n'est pas à vous ?

CLAIRE : Non, et c'est très suspect. Il y avait beaucoup (8) _____ clients dans (9) _____ cour ce soir ?

PHILIPPE : Non, pas vraiment... il y avait vous-même, (10) _____ homme d'affaires de Lafayette, (11) _____ femme de New York, (12) _____ touristes allemands et Monsieur Royer. C'est tout.

CLAIRE : C'est bien bizarre. Il n'y avait personne d'autre ?

PHILIPPE : Seulement (13) _____ femme de ménage et... oui, il y avait (14) _____ autre personne (*f.*) que je ne connaissais pas. Je croyais que c'était (15) _____ ami de la femme de New York, mais...

CLAIRE : Mais, c'est bizarre, non ? Il y a quelqu'un qui me suit ?

PHILIPPE : C'est peut-être (16) _____ admirateur ? J'adore (17) _____ histoires d'amour. Et, après toutes ces années comme hôtelier dans cette ville, je peux vous raconter (18) _____ histoires ! Surtout (19) _____ belles histoires !

CLAIRE : (20) _____ histoire d'amour ? J'en doute. Je pense qu' (21) _____ autre personne veut trouver (22) _____ manuscrit de Laclos avant moi... !

01.07 **Structures : la négation** *Quelques jours plus tard, Claire se trouve à l'heure du champagne avec Henri Hébert, l'homme d'affaires de Lafayette. Au moment où Henri commence à lui parler, son téléphone portable sonne. C'est un collègue qui téléphone du bureau à Lafayette où tous les employés attendent un client important. Claire écoute une partie de la conversation et imagine les réponses de l'interlocuteur. Choisissez la meilleure expression **négative** de la liste suivante pour terminer les phrases. Utilisez chaque expression une fois.*

plus, rien, ni, ni, jamais, pas encore, personne, que

HENRI : Le client est *déjà* au bureau ?

RÉPONSE : Non, il n'est (1) _____ au bureau. Il va arriver.

HENRI : Ah, bon. Alors, il est *toujours* chez lui ?

RÉPONSE : Non, il n'est (2) _____ chez lui. Il est en route.

HENRI : Est-ce que ce client est *toujours* en retard ?

RÉPONSE : Non, il n'est (3) _____ retard. Il est très ponctuel.

HENRI : Donc, *tout le monde* attend son arrivée ?

RÉPONSE : Non, (4) _____ n'attend son arrivée. Ils sont au café.

HENRI : Vraiment ? Mais, il y a *beaucoup de choses* à faire au bureau, n'est-ce pas ?

RÉPONSE : Non, il n'y a (5) _____ à faire. L'Internet est en panne. Le travail est impossible !

HENRI : Vraiment ! Mais... il y a *deux autres* employés avec toi ?

RÉPONSE : Non, il n'y a (6) _____ moi ici. Je suis tout seul pour le moment.

HENRI : Mais, au moins, vous êtes là. Vous avez *les documents* et *les affiches* ?

RÉPONSE : Non, je n'ai (7) _____ les documents (8) _____ les affiches.

HENRI : Écoutez, il faut que vous trouviez les documents et les affiches et que vous attendiez l'arrivée du client. Je parlerai aux autres jeudi quand je serai de retour à Lafayette !

01.08 **Structures : l'interrogatif** *Lorsque Monsieur Hébert parle à son collègue, Jean-Louis entre dans la cour. Claire a finalement des questions pour Jean-Louis. Transformez les phrases suivantes en **questions**, en employant la technique indiquée. Ensuite, imaginez les réponses de Jean-Louis.*

MODÈLE : Vous êtes vraiment de Paris. (inversion)
— **Êtes-vous vraiment de Paris ?**

1. Tu t'habilles souvent en costume. (inversion) _____

_____

2. Tu travailles dans un bar. (n'est-ce pas ?) _____

_____

3. On porte un costume quand on travaille dans un bar. (est-ce que) _____

_____

4. Tu me dis la vérité. (intonation) _____

_____

5. Tu n'aimes pas les romans policiers. (inversion) _____

_____

6. La littérature française ne t'intéresse pas. (intonation) _____

_____

7. Les Français sont tous si malins (*cunning*). (est-ce que) _____

_____

8. Tu me suis partout où je vais. (inversion) _____

_____

01.09 Structures : l'infinitif et le présent

*Claire s'excuse pour aller aux toilettes. Elle est un peu embarrassée d'avoir accusé Jean-Louis d'avoir menti (to have lied). Pendant son absence, Jean-Louis parle avec une femme de New York. Dans les phrases suivantes, utilisez l'**infinitif** ou conjuguez le verbe entre parenthèses au **présent** si nécessaire.*

1. Que (penser) _____-vous de la Nouvelle-Orléans ?

2. Aimez-vous (manger) _____ des plats épicés ?

3. Il (faire) _____ très chaud, n'est-ce pas ?

4. Il faut (aller) _____ au restaurant Lafitte.

5. Je (pouvoir) _____ vous (montrer) _____ où il est.

6. (Détester) _____-vous (danser) _____ ?

7. Je voudrais vous (emmener) _____ un fais do-do.

8. (Rester) _____ dans un hôtel de luxe (coûter) _____ trop cher.

9. J'(adorer) _____ (dormir) _____ tard.

10. Nous nous (lever) _____ à 9h du matin.

01.10 Structures : le présent *Le même soir, Claire revoit Henri Hébert dans la grande salle. Il s'excuse d'avoir quitté l'heure du champagne quand son collègue a téléphoné, et il commence à parler de sa vie et de son travail. Conjuguez les verbes entre parenthèses au* **présent**.

Moi, j'(habiter) (1) _____ la ville de Lafayette, et je (travailler) (2) _____ dans les affaires. Tous les jours, ma femme et moi, nous (prendre) (3) _____ le petit déjeuner ensemble et nous (regarder) (4) _____ les actualités à la télé. J'(arriver) (5) _____ au bureau vers 8h, mais mes collègues (arriver) (6) _____ plutôt vers 9h. Nous (vendre) (7) _____ des produits alimentaires cajuns aux restaurateurs partout dans le monde. Pendant la journée, je (parler) (8) _____ au téléphone, j'(envoyer) (9) _____ des fax, et mes collègues et moi, nous (se réunir) (10) _____ pour discuter de notre stratégie de marketing. Nous (manger) (11) _____ vers 1h, et puis nous (recommencer) (12) _____ le travail vers 2h. Mes collègues (finir) (13) _____ leur travail vers 5h du soir, mais moi, je (continuer) (14) _____ jusqu'à 6h ou 7h. Notre compagnie (réussir) (15) _____ à fournir beaucoup de restaurants du monde avec des produits acadiens authentiques. Ils (acheter) (16) _____ de bons produits, et nous (offrir) (17) _____ une qualité exceptionnelle. J'(espérer) (18) _____ continuer à travailler longtemps. J'(adorer) (19) _____ mon travail !

01.11 Structures : le présent *Henri continue à décrire sa vie quotidienne. Conjuguez les verbes entre parenthèses au* **présent**.

Je (s'entendre) (1) _____ bien avec mes collègues, mais je (préférer) (2) _____ passer le temps avec ma femme. Elle (s'appeler) (3) _____ Carole et elle (enseigner) (4) _____ dans une école primaire bilingue à Lafayette. Normalement, elle (se rendre) (5) _____ à mon bureau vers 6h ou 7h du soir, et nous (se promener) (6) _____ ensemble jusqu'à la maison. Pendant nos promenades, nous (se parler) (7) _____ et nous (se détendre) (8) _____. Le soir, nous (préparer) (9) _____ le dîner ensemble et nous (écouter) (10) _____ de la musique. D'habitude, je (se coucher) (11) _____ vers 11h, mais avant ça, je (se laver) (12) _____, je (se brosser) (13) _____ les dents, et je (se reposer) (14) _____ avec un verre de lait chaud. C'est vraiment une vie tranquille.

01.12 Structures : le présent *Claire retourne à sa chambre et découvre un courriel de sa sœur. Marie répond toujours aux courriels de sa sœur. Choisissez un des verbes donnés et conjuguez ce verbe au **présent** pour compléter le paragraphe. Chaque verbe ne peut être utilisé qu'une seule fois.*

se reposer, finir, se rappeler, nager, jouer, se lever, préférer, descendre

Chère Claire,

Salut de Saint Félix de Valois ! Tout va bien ici à la campagne. Papa (1) _____ à 5h du matin, comme d'habitude, mais Maman et moi, nous (2) _____ dormir plus tard. Après le petit déjeuner, nous (3) _____ la colline (*hill*) pour aller au lac. Nous (4) _____ dans l'eau et nous (5) _____ sur la petite plage toute la journée. Est-ce que tu (6) _____ le jour où nous avons construit notre fort ? Eh bien, il est toujours intact. Les enfants des voisins (7) _____ dans ce fort souvent. Quelle différence entre la campagne québécoise et la Nouvelle-Orléans ! Amuse-toi dans les marécages, mais fais attention à ce type (*guy*), Jean-Louis. Tu fais toujours trop confiance aux inconnus. Tu es très intelligente, mais parfois un peu bête aussi. À propos, félicitations pour la bourse ! Si tu (8) _____ ton travail de recherche cette semaine, est-ce que tu reviendras ici pour la fin des vacances ? Tu nous manques beaucoup !

Bisous, Marie

01.13 Vous rappelez-vous ? les verbes irréguliers au présent *Le matin, au petit déjeuner, Jean-Louis pose encore des questions à Claire à propos de son projet de recherche. Choisissez parmi les verbes suivants et conjuguez le verbe au **présent** pour compléter le dialogue d'une façon logique. Vous allez utiliser quelques verbes plus d'une fois.*

être, avoir, aller, faire, vouloir, pouvoir

JEAN-LOUIS : Alors, si tu trouves le manuscrit, est-ce que tu (1) _____ essayer de l'acheter ?

CLAIRE : Si possible, mais je ne (2) _____ pas garder le manuscrit pour moi. Je (3) _____ l'étudier et puis en faire don (*donate it*) à la bibliothèque municipale de la Nouvelle-Orléans.

JEAN-LOUIS : Vraiment ? Tu (4) _____ généreuse ! Alors, tu ne (5) _____ pas vendre le manuscrit à un collecteur de livres anciens et gagner beaucoup d'argent ?

CLAIRE : Non ! Moi, j'(6) _____ des principes. Je ne (7) _____ pas profiter d'un livre qui ne m'appartient pas.

JEAN-LOUIS : Tu (8) _____ raison. Les gens, en général, sont trop préoccupés par l'argent aujourd'hui.

CLAIRE : Je sais... C'(9) _____ pour cette raison que je (10) _____ des études littéraires au lieu de travailler dans les affaires. Je (11) _____ idéaliste. Je (12) _____ passer ma vie à discuter des idées, non pas devenir riche.

JEAN-LOUIS : Je comprends... mais on ne (13) _____ pas vivre sans argent, et les hommes d'affaires ne (14) _____ pas tous avares (*greedy*) et corrompus !

CLAIRE : Qu'en sais-tu ?

JEAN-LOUIS : Rien... enfin... c'est-à-dire qu'il y a beaucoup d'hommes d'affaires qui fréquentent le bar où je travaille et ils sont généralement sympathiques.

Nom : _____   Date : _____

01.14 Culture : quiz culturel *Que savez-vous déjà ? Répondez aux questions ou complétez les phrases suivantes en choisissant la meilleure réponse.*

1. Les Cajuns sont…
   a. les descendants d'immigrés parisiens
   b. les descendants d'immigrés acadiens
   c. des gens qui habitent la Nouvelle-Orléans
   d. des gens qui habitent la Nouvelle-Écosse

2. Dans les marécages, on trouve…
   a. des alligators   b. des bars
   c. des bouquins   d. des paroisses

3. Si on va à un « fais do-do », qu'est-ce qu'on ne peut pas faire ?
   a. dormir   b. danser
   c. regarder la télé   d. écouter du zydeco

4. Dans l'Hôtel Le Moyne, qu'est-ce qu'on ne peut pas trouver ?
   a. une piscine
   b. une chambre climatisée
   c. un ascenseur
   d. des balcons

5. Dans la chambre de Claire, qu'est-ce qu'on ne peut pas trouver ?
   a. un sac à dos
   b. un ordinateur
   c. un roman de science-fiction
   d. un permis de conduire

6. Zachary Richard est un chanteur de quel type de musique ?
   a. musique cajun et créole
   b. musique populaire française
   c. jazz
   d. musique classique

7. Le Vieux Carré est…
   a. le quartier cajun
   b. l'ancien quartier français
   c. le quartier du marché
   d. le quartier des étudiants de l'université de Tulane

8. On trouve du fer forgé où ?
   a. dans les bars de la rue Bourbon
   b. aux balcons du Vieux Carré
   c. dans les salles climatisées
   d. à la bibliothèque municipale

9. Les Français ont fondé la ville de la Nouvelle-Orléans en quelle année ?
   a. 1803   b. 1789
   c. 1755   d. 1718

10. Laclos est l'auteur de quel type de roman ?
    a. un roman d'épouvante (*horror*)
    b. un roman policier
    c. un roman de science-fiction
    d. un roman épistolaire

11. La culture en Louisiane du sud a été influencée par les Français, mais aussi par…
    a. les Espagnols
    b. les Africains
    c. les Acadiens
    d. toutes ces cultures

12. Normalement, quand les gens francophones se rencontrent pour la première fois, ils…
    a. se tutoient
    b. se vouvoient
    c. s'excusent
    d. s'ennuient

13. À l'heure du petit-déjeuner dans un restaurant créole, on prend souvent…
    a. des beignets
    b. de la mousse au chocolat
    c. du champagne
    d. des po'boys aux huîtres frites

14. Au Québec, au lieu de dire « une voiture », on dit…
    a. un bus
    b. un char
    c. un camion
    d. un taxi

15. La Louisiane a été nommée en l'honneur de…
    a. Louis XVI, l'époux de Marie Antoinette
    b. Louis XIV, le roi soleil
    c. Lewis et Clark
    d. Saint Louis, Missouri

01.15 Culture : comparaisons *Imaginez une journée typique dans la vie d'un hôtelier, comme Philippe Aucoin, qui habite le Vieux Carré à la Nouvelle-Orléans. Ensuite, écrivez quelques phrases pour comparer votre vie quotidienne à la vie de cette personne. Quelles sont les plus grandes différences ? Quelles sont les similarités ?*

_____

_____

_____

_____

_____

_____

_____

_____

_____

_____

_____

_____

_____

_____

01.16 Littérature : suite *Les Liaisons dangereuses de **Choderlos de Laclos** Imaginez une conversation entre Valmont et Tourvel pendant qu'ils jouent aux cartes chez la vieille tante. Évidemment, Valmont fait semblant d'être dévot et parle de ses activités quotidiennes pieuses. Tourvel ne croit pas à son jeu, et elle lui pose beaucoup de questions sur sa vie à Paris. Écrivez un petit dialogue entre les deux personnages.*

_____

_____

_____

_____

_____

_____

_____

_____

_____

_____

_____

_____

■ *Activités audiovisuelles*

01.17 **Avant de regarder : que savez-vous déjà ?** *Que savez-vous déjà de la Louisiane ? Avant de regarder la vidéo, répondez aux questions suivantes en sélectionnant toutes les réponses qui sont vraies.*

1. Où se trouve la Louisiane ?

_____ en France

_____ aux États-Unis

_____ en Amérique du Nord

_____ en Afrique

2. Quelle est la capitale de la Louisiane ?

_____ la Nouvelle-Orléans

_____ Baton Rouge

_____ le Vieux Carré

_____ Lafayette

3. Quelles sont les langues parlées en Louisiane ?

_____ l'anglais

_____ le français

_____ l'espagnol

_____ le créole

4. Quel temps fait-il en Louisiane en été ?

_____ il fait froid

_____ il fait chaud

_____ il fait humide

_____ il y a des orages

_____ il neige beaucoup

5. En quelle saison a lieu le Mardi gras ?

_____ l'été

_____ l'automne

_____ l'hiver

_____ le printemps

6. Qu'est-ce que les touristes peuvent faire à la Nouvelle-Orléans ?

_____ écouter de la musique

_____ dîner au restaurant

_____ danser

_____ visiter des musées

_____ aller à la plage

_____ faire du ski

_____ acheter des souvenirs

7. Quels types de musique viennent de la Louisiane ?

_____ la musique classique

_____ le jazz

_____ le reggae

_____ le zydeco

_____ le rock

8. Quels groupes ethniques ou culturels ont influencé la culture louisianaise ?

_____ les Anglais

_____ les Français

_____ les Acadiens

_____ les Africains

_____ les Espagnols

_____ les Antillais

_____ les Chinois

01.18 Avant de regarder : vocabulaire *Connaissez-vous les mots suivants ? Lisez les paragraphes suivants et essayez de comprendre le sens des mots en caractères gras (que vous allez entendre dans l'interview). Ensuite, terminez les phrases logiquement.*

1. Pour la majorité des Français, le français est leur **langue maternelle**. Pour les Vietnamiens, le vietnamien est leur **langue maternelle**. C'est leur première langue. Et pour moi, ma **langue maternelle**, c'est _____. Ma **deuxième langue**, c'est _____.

2. Aux États-Unis, on peut faire des études supérieures après le « bachelor's degree » (à peu près l'équivalent d'une licence en France) : une **maîtrise** et puis un **doctorat**. Un professeur d'histoire a, probablement, une **maîtrise** en _____ et un **doctorat** en _____ aussi.

3. Un professeur d'histoire **enseigne** l'histoire. Un professeur d'anglais peut **enseigner** la composition ou bien la littérature anglaise ou américaine. Et votre professeur de français **enseigne** _____.

4. Claire est allée à la Nouvelle-Orléans une **fois**. Elle a visité Paris deux ou trois **fois**. Elle a dîné avec Jean-Louis plusieurs **fois**. Elle est allée à Lafayette _____.

01.19 Vidéo : profil personnel *Regardez l'interview du Chapitre 1 de votre vidéo « Points de vue » et puis indiquez si les détails sur l'intervenante que vous y rencontrez sont vraies ou fausses.*

1. Elle s'appelle Julie.	vrai	faux
2. Son pays d'origine est le Canada.	vrai	faux
3. Elle habite aujourd'hui en Louisiane.	vrai	faux
4. Elle parle anglais, français et espagnol.	vrai	faux
5. Elle a une maîtrise et un doctorat.	vrai	faux
6. Elle est professeur de français.	vrai	faux

01.20 Vidéo : compréhension *Après avoir regardé le Chapitre 1 de la vidéo, répondez aux questions ou complétez les phrases suivantes en sélectionnant toutes le réponses qui sont vraies.*

1. Julie dit qu'elle a reçu les diplômes suivants.

_____ la licence (*equivalent of a bachelor's degree*)

_____ une maîtrise (*master's degree*)

_____ un doctorat

2. En parlant du tourisme à la Nouvelle-Orléans, Julie mentionne...

_____ les bars   _____ les restaurants

_____ les musées   _____ les cimetières

_____ le Mardi gras   _____ les marécages

_____ les maisons historiques _____ les musiciens dans les rues

_____ les sports nautiques

3. En regardant les images de la Nouvelle-Orléans, on voit...

_____ des bars   _____ des restaurants

_____ des musées   _____ des cimetières

_____ le Mardi gras   _____ des marécages

_____ des maisons historiques _____ des églises

_____ les musiciens dans les rues _____ des sports nautiques

4. D'après Julie, la plupart des touristes viennent pour...

_____ les Pâques (*Easter*)   _____ le Mardi gras

_____ Noël

5. Pour Julie, la saison la plus agréable, c'est...

_____ l'été   _____ le printemps

_____ l'hiver   _____ l'automne

6. La saison la plus tranquille à la Nouvelle-Orléans, c'est...

_____ l'été   _____ le printemps

_____ l'hiver   _____ l'automne

7. Dans le premier clip des « Voyages », le jeune homme dit que la saison la plus intéressante pour visiter le Québec, c'est...

_____ l'été   _____ le printemps

_____ l'hiver   _____ l'automne

8. Dans le deuxième clip des « Voyages », l'homme parle de quels transports populaires en Suisse?

_____ l'avion   _____ le taxi

_____ le bus   _____ le train

01.21 Vidéo : structures (le présent) *Voici un résumé de l'interview du Chapitre 1. Après avoir regardé la vidéo, choisissez un verbe de la liste et mettez-le au présent pour compléter ces phrases.*

faire, être, s'appeler, venir, aller, habiter, préférer

Cette femme (1) _____ Julie. Elle (2) _____ professeur d'anglais. Elle

(3) _____ dans l'État de Massachusetts, mais elle (4) _____ de la

Nouvelle-Orléans. Elle (5) _____ à la Nouvelle-Orléans deux fois par an. Elle

(6) _____ les mois de mars et avril, parce qu'il (7) _____ moins

chaud qu'en été.

01.22 Vidéo : vocabulaire *Répondez aux questions suivantes d'après ce que vous avez entendu et ce que vous avez vu dans la vidéo.*

1. Pourquoi est-ce que Julie voyage à la Nouvelle-Orléans deux fois par an ?

   _____

   _____

2. Pourquoi est-ce que Julie aime visiter la Nouvelle-Orléans aux mois de mars et avril ?

   _____

   _____

3. Comment est l'ambiance de la Nouvelle-Orléans pendant le Mardi gras ?

   _____

   _____

4. Quels types de musique viennent de la Nouvelle-Orléans ?

   _____

   _____

5. Quels plats typiques louisianais est-ce qu'on peut voir dans cette vidéo ?

   _____

   _____

6. Quels moyens de transport est-ce qu'on peut voir dans cette vidéo ?

   _____

   _____

7. D'après le jeune homme québécois, pourquoi faut-il visiter le Québec en hiver ?

   _____

   _____

8. D'après l'homme suisse, comment est-ce que les Suisses aiment voyager ?

   _____

   _____

01.23 Vidéo : culture *Réfléchissez à l'interview avec Julie et aux images de la Nouvelle-Orléans que vous avez vues dans cette vidéo. Ensuite, répondez aux questions personnelles.*

1. Voudriez-vous visiter la Nouvelle-Orléans ? Pourquoi ou pourquoi pas ?

   _____

   _____

2. À votre avis, quelle est la saison la plus intéressante pour un voyage à la Nouvelle-Orléans ?

   _____

   _____

3. Qu'est-ce que vous aimeriez faire comme touriste à la Nouvelle-Orléans ?

   _____

   _____

4. Trouvez-vous que cette vidéo représente la ville de la Nouvelle-Orléans d'une façon stéréotypique ? Pourquoi ou pourquoi pas ?

   _____

   _____

5. Une grande partie de la ville de la Nouvelle-Orléans a été détruite en 2005 à cause de l'ouragan Katrina. Imaginez la vie des habitants de la Nouvelle-Orléans après l'ouragan. Qu'est-ce qui est différent ? Qu'est-ce qui ne change pas ?

   _____

   _____

   _____

   _____

2   Une recette créole

Pour réviser

■ *Activités orales*

02.01 Comment dire : les invitations

02.02 Comment dire : dîner au restaurant

02.03 Comment dire : demander et donner une opinion

02.04 Comment dire : parler du passé (dictée)

02.05 Comment dire : ce que j'ai fait hier

■ *Activités écrites*

02.06 Vocabulaire : la cuisine

02.07 Structures : le partitif

02.08 Structures : l'interrogatif

02.09 Structures : le passé composé

02.10 Structures : l'imparfait

02.11 Structures : le passé composé et l'imparfait

02.12 Vous rappelez-vous ? les verbes irréguliers au présent

02.13 Recyclons ! la négation

02.14 Culture : quiz culturel

02.15 Culture : comparaisons

02.16 Littérature : suite

■ *Activités audiovisuelles*

02.17 Avant de regarder : que savez-vous déjà ?

02.18 Avant de regarder : vocabulaire

02.19 Vidéo : profil personnel

02.20 Vidéo : compréhension

02.21 Vidéo : structures (le passé)

02.22 Vidéo : structures (les articles et le partitif)

02.23 Vidéo : vocabulaire

02.24 Vidéo : culture

Pour réviser

■ *Activités orales*

🔊 **02.01 Comment dire : les invitations** *On vous invite ! Écoutez les invitations et choisissez la meilleure réponse pour accepter ou refuser l'invitation, d'après les indications données.*

1. *Acceptez !*
   a. Je ne suis pas libre.
   b. J'accepte avec plaisir.

2. *Acceptez !*
   a. Je ne peux pas.
   b. D'accord.

3. *Refusez.*
   a. Merci, j'aimerais bien y aller.
   b. Je voudrais bien, mais je ne peux pas me libérer.

4. *Refusez.*
   a. Pas question !
   b. Pourquoi pas !

5. *Acceptez !*
   a. Bien sûr !
   b. Zut ! Je ne suis pas libre ce week-end.

6. *Refusez.*
   a. J'aimerais bien y aller demain.
   b. C'est très gentil, mais un autre jour peut-être ?

🔊 **02.02 Comment dire : dîner au restaurant** *Vous êtes dans un restaurant à la Nouvelle-Orléans et vous entendez des questions posées par les clients du restaurant. Faites correspondre la question que vous entendez avec la réponse du serveur.*

1. _____
2. _____
3. _____
4. _____
5. _____
6. _____
7. _____
8. _____

a. Il y a du poulet, de l'oignon, de l'ail, de la tomate et des épices créoles.
b. Très bien, le voici. J'espère que vous avez bien mangé ce soir.
c. Non, normalement aux États-Unis, le client laisse un pourboire de 15 à 20 pour cent pour les serveurs.
d. Bien sûr. Je vous cherche une corbeille (*basket*) tout de suite.
e. C'est du poulet grillé ce soir.
f. Bien sûr. Je reviens tout de suite avec une carafe pour la table.
g. Les toilettes sont au sous-sol.
h. Ce soir, on a du gâteau au chocolat, de la crème brûlée et du sorbet aux framboises.

🔊 **02.03 Comment dire : demander et donner une opinion** *Un touriste demande l'opinion d'une personne francophone qu'il vient de rencontrer en Louisiane. Écoutez la question du touriste et l'opinion de la personne francophone et indiquez si cette personne encourage le touriste ou offre un avertissement (warning).*

1. encouragement   avertissement

2. encouragement   avertissement

3. encouragement   avertissement

4. encouragement   avertissement

5. encouragement   avertissement

02.04 **Comment dire : parler du passé (dictée)** *Voici un paragraphe tiré d'une lettre qu'Henri Hébert, un homme d'affaires louisianais, écrit à un ami. Vous allez entendre ce texte trois fois. La première fois, écoutez attentivement. La deuxième fois, le paragraphe sera lu plus lentement. En écoutant, écrivez chaque phrase exactement comme vous l'entendez. La troisième fois, écoutez encore en relisant ce que vous avez écrit pour vérifier votre transcription.*

_____

_____

_____

_____

_____

_____

_____

_____

_____

_____

_____

_____

_____

_____

_____

_____

_____

_____

_____

02.05 **Comment dire : ce que j'ai fait hier** *Vous rencontrez un ami à l'université et vous commencez à bavarder. Racontez ce que vous avez fait hier. N'oubliez pas de mentionner : à quelle heure vous vous êtes levé(e) ; les activités que vous avez fait (utilisez le passé composé) ; le temps qu'il faisait (utilisez l'imparfait) ; votre état d'esprit (utilisez l'imparfait) ; à quelle heure vous vous êtes couché(e).*

02.06 Vocabulaire : la cuisine *Sandrine Fontenot-Chardin et son mari, Alexandre, dînent chez eux à la Nouvelle-Orléans quelques heures après la visite de Claire. Voici les plats que Sandrine a préparés. Choisissez quatre ingrédients essentiels de la liste suivante pour chaque plat. Vous pouvez utiliser un ingrédient plus d'une fois.*

Ingrédients : des framboises, du poulet, du céleri, des carottes, des fraises, de la salade, de l'eau, de l'oignon, des concombres, du beurre, de la tomate, des écrevisses, des épices créoles, de l'ail, du sucre, de la farine

1. Une soupe au poulet : _____, _____, _____,
_____

2. Une salade mixte : _____, _____, _____,
_____

3. Une étouffée : _____, _____, _____,
_____

4. Une tarte aux fruits des bois : _____, _____,
_____, _____

02.07 Structures : le partitif *Pendant le dîner, Sandrine et son mari bavardent. Voici leur conversation. Terminez les phrases avec un **article défini (le, l', la, les)**, un **article indéfini (un, une, des)**, le **partitif (de la, du, de l')** ou de. Il y a parfois plus d'une réponse possible.*

SANDRINE : J'ai préparé ton plat préféré ce soir.

ALEXANDRE : Tu as fait (1) _____ étouffée ? Quel ange !

SANDRINE : Oui, mais nous allons commencer avec (2) _____ soupe au poulet et
(3) _____ salade verte. Je sais que tu adores (4) _____
olives noires, alors j'ai mis (5) _____ olives dans ta salade. Tu veux
(6) _____ pain ?

ALEXANDRE : Merci. Tu veux (7) _____ vin ?

SANDRINE : Bien sûr.

ALEXANDRE : Tu as passé (8) _____ bonne journée ?

SANDRINE : Oui. Enfin, quelqu'un est venu me parler des bouquins de mon grand-père. C'est
(9) _____ étudiante québécoise qui écrit sa thèse.

ALEXANDRE : Qu'est-ce que tu lui as dit ?

SANDRINE : La vérité. Elle avait l'air sympa quoiqu'un peu naïf. Tiens, voici ton étouffée. Tu veux
(10) _____ riz ?

ALEXANDRE : Oui, un peu. Est-ce que tu as préparé (11) _____ tarte pour le dessert ?

SANDRINE : Ouais. Nous pouvons avoir (12) _____ tarte et (13) _____
café après le dîner. Il reste aussi (14) _____ glace à la vanille. Il faut la finir
avant de partir en vacances demain.

ALEXANDRE : Si tu insistes ! Tu me gâtes, Sandrine.

02.08 **Structures : l'interrogatif** *La conversation entre Sandrine et son mari continue. Alexandre veut en savoir plus sur cette étudiante québécoise qui est venue à la maison. Imaginez les questions qu'Alexandre a posées. Utilisez la meilleure* **expression interrogative** *selon le contexte. Vous n'allez pas utiliser toutes les expressions de la liste suivante.*

Expressions interrogatives : pourquoi, qui, qu'est-ce que, quoi, quand, où, qu'est-ce qui, comment, combien, qui est-ce que, à quelle heure

ALEXANDRE : (1) _____ s'appellait-t-elle ?

SANDRINE : Elle s'appelait Claire Plouffe.

ALEXANDRE : (2) _____ habite-t-elle ?

SANDRINE : Elle habite à Québec, mais sa famille est à Montréal.

ALEXANDRE : (3) _____ est-ce qu'elle est venue ici ?

SANDRINE : Elle est arrivée ici vers trois heures de l'après-midi.

ALEXANDRE : (4) _____ est-ce qu'elle est venue ici ?

SANDRINE : Parce qu'elle écrit sa thèse sur Laclos et elle savait qu'il existait un rapport entre Laclos et François Fontenot, un de mes ancêtres.

ALEXANDRE : (5) _____ est Laclos ?

SANDRINE : Choderlos de Laclos ? C'est un auteur du 18ème siècle.

ALEXANDRE : (6) _____ cet auteur a écrit ?

SANDRINE : Il a écrit *Les Liaisons dangereuses*. C'est un roman assez connu.

ALEXANDRE : (7) _____ est-ce que Claire t'a trouvée ?

SANDRINE : Elle a trouvé mon nom dans un livre de généalogie à la Bibliothèque municipale, avec l'aide des bibliothécaires, je crois.

ALEXANDRE : De (8) _____ avez-vous parlé ?

SANDRINE : Nous avons parlé de la vente des livres au bouquiniste parisien, et aussi de la cuisine créole.

02.09 **Structures : le passé composé** *Puisqu'ils partent en vacances demain, Sandrine et Alexandre commencent à parler de la dernière fois qu'ils ont visité leurs parents à Haïti. Formez des phrases en utilisant le* **passé composé**.

1. Nous (prendre) _____ l'avion à Port-au-Prince.

2. Tes cousins (venir) _____ nous chercher à l'aéroport.

3. Tu (apporter) _____ beaucoup de cadeaux pour les enfants.

4. Philippe (ne ... pas / aimer) _____ les vêtements.

5. Je (s'endormir) _____ très tôt la première nuit.

6. Vous (boire) _____ et vous (discuter) _____ jusqu'à deux heures du matin.

7. Le lendemain, les enfants et moi (se lever) _____ de bonne heure.

8. Les enfants (sortir) _____ avant de manger.

9. Je les (accompagner) _____ au parc.

10. Tout le monde (s'amuser) _____ à raconter des histoires.

02.10 Structures : l'imparfait *Sandrine se souvient bien de ce séjour chez ses cousins. Elle décrit ce séjour chez des cousins qu'elle ne connaissait pas très bien. Conjuguez les verbes à l'imparfait.*

1. Il (faire) _____ très chaud.

2. Mes cousins (être) _____ très accueillants.

3. Nous (ne ... pas / savoir) _____ beacoup des habitudes de nos parents.

4. Ma cousine Sachielle (ne ... pas / travailler) _____ à cette époque.

5. Elle (avoir) _____ trois enfants à la maison.

6. Le plus jeune (ne ... pas encore / aller) _____ à l'école.

7. Les enfants (s'intéresser) _____ à la culture américaine.

8. Ils (écouter) _____ de la musique américaine constamment.

9. Nous (se sentir) _____ à l'aise avec nos cousins.

10. Tu (vouloir) _____ rester encore une semaine.

02.11 Structures : le passé composé et l'imparfait *Pensez à un voyage que vous avez fait récemment et ensuite répondez aux questions suivantes. Utilisez le **passé composé** (PC) ou l'**imparfait** (I), selon les indications.*

1. Où êtes-vous allé(e) ? (PC)

_____

2. Avec qui avez-vous voyagé ? (PC)

_____

3. Est-ce que vous étiez content(e) de partir en voyage ou vouliez-vous rester chez vous ? (I)

_____

4. Comment est-ce que vous êtes arrivé(e) à votre destination ? (PC)

_____

5. Quel temps a-t-il fait pendant votre séjour ? (PC)

_____

6. Qu'est-ce que vous avez fait d'intéressant ? (PC)

_____

7. Comment était la nourriture ? (I)

_____

8. Avez-vous fait de nouvelles connaissances ? (PC)

_____

9. Vous êtes-vous amusé(e) ou ennuyé(e) pendant ce séjour ? (PC)

_____

10. Le jour du départ, aviez-vous envie de rester ou étiez-vous prêt(e) à rentrer chez vous ? (I)

_____

02.12 Vous rappelez-vous ? les verbes irréguliers au présent *En prenant leur dessert, Sandrine et Alexandre continuent à parler de la visite de Claire. Choisissez parmi les verbes suivants et terminez les phrases en conjuguant le verbe au* **présent***. Vous pouvez utiliser des verbes plus d'une fois.*

croire, boire, recevoir, devoir, voir

SANDRINE : Est-ce que tu (1) _____ que Monsieur Gustave, le bouquiniste qui a acheté les livres de mon grand-père, travaille toujours à Paris ?

ALEXANDRE : S'il vit encore, il (2) _____ être assez âgé. Je doute qu'il travaille encore.

SANDRINE : Il avait à peine 18 ans quand mon père l'a rencontré à Paris. Je (3) _____ que mon père (4) _____ des lettres de lui de temps en temps, mais je ne (5) _____ pas comment il serait possible que ce monsieur ait toujours le manuscrit. Il ne savait même pas que ce manuscrit comptait parmi les livres qu'on lui avait vendus.

ALEXANDRE : Et toi et tes parents, vous (6) _____ vraiment que ce manuscrit est un chef-d'œuvre perdu ? Vous ne (7) _____ pas que ce soit un peu invraisemblable ?

SANDRINE : Mes parents le (8) _____ bien, et moi aussi. Enfin, on verra… Tu ne (9) _____ pas ton café ?

ALEXANDRE : Si, si. Mais nous (10) _____ du décaféiné, n'est-ce pas ? Nous (11) _____ nous lever très tôt demain matin afin de ne pas manquer notre vol. Je veux pouvoir m'endormir ce soir.

SANDRINE : C'est bien du décaf, mais à propos du voyage, je (12) _____ faire mes valises. Je vais vite faire la vaisselle avant.

ALEXANDRE : Non, c'est à moi de faire la vaisselle ce soir.

SANDRINE : C'est pas grave. Reste là et finis ton café. Tu pourras sortir la poubelle plus tard.

02.13 Recyclons ! la négation *Jean-Louis veut savoir plus de la journée de Claire, mais elle hésite à parler de son projet avec lui. Imaginez les réponses négatives de Claire. Utilisez une* **expression négative***.*

Expressions négatives : jamais, ni, ni, que, plus, pas du tout, personne

JEAN-LOUIS : Est-ce qu'il y avait *beaucoup de gens* à la bibliothèque aujourd'hui ?

CLAIRE : Non, il n'y avait (1) _____ . Il n'y avait (2) _____ moi et quelques bibliothécaires.

JEAN-LOUIS : Je trouve que les bibliothécaires sont *tout à fait* inutiles.

CLAIRE : Mais non. Au contraire, elles ne sont (3) _____ inutiles ! Elles ont trouvé une des descendantes de François Fontenot pour moi.

JEAN-LOUIS : Est-ce que cette femme a *toujours* le manuscrit que tu cherches ?

CLAIRE : Non, elle n'a (4) _____ le manuscrit.

JEAN-LOUIS : Est-ce que cette femme parle *souvent* de ce manuscrit aux chercheurs étrangers ?

CLAIRE : Non, elle ne parle (5) _____ de ce manuscrit. J'ai dû la convaincre, et c'était assez difficile.

JEAN-LOUIS : Ah bon ? Alors, tu as réussi à la faire parler. Bravo. Tu veux me raconter ce qu'elle a dit ?

CLAIRE : Non, je ne veux (6) _____ parler de ma thèse (7) _____ parler de Sandrine. Je suis trop fatiguée et ce sujet est peut-être ennuyeux pour toi.

02.14 Culture : quiz culturel *Que savez-vous déjà ? Répondez aux questions ou complétez les phrases suivantes en choisissant la meilleure réponse.*

1. Haïti est un pays francophone situé...
   a. sur le golfe du Mexique
   b. sur l'océan Pacifique
   c. sur la mer Méditerranée
   d. sur la mer des Caraïbes

2. Les Français ont occupé cette île...
   a. de 1697 à 1804
   b. de 1789 à 1917
   c. de 1917 à 1934
   d. de 1934 à 1960

3. Le nom que les Français ont donné à cette île était...
   a. la République dominicaine
   b. Saint-Domingue
   c. la Jamaïque
   d. Saint-Barthes

4. À Haïti, un des plats traditionnels est...
   a. la tourtière
   b. le riz avec des pois
   c. la mousse au chocolat
   d. la fondue

5. Si vous ne comprenez pas des directions, quelle est l'expression à ne pas utiliser ?
   a. Excusez-moi ?
   b. Comment ?
   c. Qui est-ce ?
   d. Qu'est-ce que vous venez de dire ?

6. Où trouve-t-on des pratiquants de la religion vaudoue ?
   a. aux États-Unis
   b. aux Antilles
   c. en Afrique
   d. dans tous ces lieux

7. Qu'est-ce que François Fontenot a fait comme travail après avoir immigré à la Nouvelle-Orléans ?
   a. bouquiniste
   b. restaurateur
   c. soldat
   d. professeur

8. Où est-ce que Jean-Louis Royer est né ?
   a. à Paris
   b. à Annecy
   c. à Genève
   d. à Québec

9. Lequel n'est pas un fruit de mer ?
   a. le canard
   b. les moules
   c. les écrevisses
   d. les huîtres

10. Quel plat est fait de viande hâchée, de tomates, d'oignons, de cornichons (*pickles*), de petits pains et de condiments ?
    a. une ratatouille
    b. une tourtière
    c. une étouffée
    d. aucun de ces plats

11. Si on est végétarien, on ne mange pas... ?
    a. d'aubergines
    b. de mangues
    c. de riz
    d. de veau

12. Que veut dire l'expression « Lâche pas la patate » ?
    a. Méfiez-vous des inconnus
    b. N'oubliez pas de manger
    c. Soyez gentil(le)
    d. Il faut persévérer

13. Pour refuser une invitation, on peut dire...
    a. « J'insiste ! »
    b. « Pourquoi pas ! »
    c. « Je suis pris(e) ! »
    d. « Allons-y ! »

14. François Fontenot est arrivé à la Nouvelle-Orléans le 14 juillet. Le 15 juillet c'était...
    a. le surlendemain
    b. la veille
    c. le lendemain
    d. l'avant-veille

15. Faire cuire lentement à feu doux (*on low heat*) signifie...
    a. mijoter
    b. faire sauter
    c. bouillir
    d. brûler

02.15 Culture : comparaisons *Pensez aux repas que vous prenez souvent chez vous. Ensuite, imaginez un repas typique dans une maison créole en Louisiane. Finalement, écrivez quelques paragraphes en faisant des comparaisons entre votre repas typique et un repas typique louisianais. Quelles sont les plus grandes différences ? Pourquoi ces différences existent-elles ?*

_____

_____

_____

_____

_____

_____

_____

_____

_____

_____

_____

_____

_____

_____

_____

_____

_____

_____

_____

_____

_____

_____

02.16 Littérature : suite *L'Odeur du café* **de Dany Laferrière** *Imaginez que vous êtes chez le narrateur du texte de Laferrière au moment où Da prend son café. Avez-vous des questions à lui poser à propos de sa jeunesse ? Comment est-ce que Da et son mari se sont rencontrés ? Encouragez-la à se rappeler toute l'histoire. Écrivez un petit dialogue où vous lui posez des questions sur son passé et vous l'encouragez à vous parler de sa jeunesse. Imaginez ses réponses.*

■ *Activités audiovisuelles*

02.17 **Avant de regarder : que savez-vous déjà ?** *Que savez-vous déjà d'Haïti ? Avant de regarder la vidéo, répondez aux questions suivantes en sélectionnant toutes le réponses qui sont vraies.*

1. Où se trouve Haïti ?

_____ aux Antilles

_____ en Europe

_____ en Afrique

_____ près de la République dominicaine

2. Quelle est la capitale d'Haïti ?

_____ Paris

_____ Fort-de-France

_____ La Nouvelle-Orléans

_____ Port-au-Prince

3. Quelles sont les langues officielles de ce pays ?

_____ l'anglais

_____ le français

_____ l'espagnol

_____ le kreyòl

_____ l'arabe

4. Quand a eu lieu la Révolution haïtienne ?

_____ à la fin du 16ème siècle

_____ à la fin du 17ème siècle

_____ à la fin du 18ème siècle

_____ à la fin du 19ème siècle

5. Contre qui est-ce que les Haïtiens ont fait la révolution ?

_____ les Américains

_____ les Anglais

_____ les Français

_____ les Arawaks et les Caraïbes

6. Beaucoup d'Haïtiens ont quitté leur pays au 20ème siècle pour immigrer aux pays plus industrialisés. Où peut-on trouver des communautés haïtiennes aujourd'hui ?

_____ à Paris

_____ à New York

_____ à Montréal

_____ à Boston

_____ à Miami

02.18 Avant de regarder : vocabulaire *Connaissez-vous les mots suivants ? Lisez les paragraphes suivants et essayez de comprendre le sens des mots en caractères gras (que vous allez entendre dans l'interview). Ensuite, terminez les phrases logiquement.*

1. Si on étudie l'histoire, on peut **devenir** historien. Si on étudie le droit, on peut **devenir** avocat. Si on étudie la comptabilité, on peut **devenir** comptable. Moi, j'étudie _____. Je veux **devenir** _____.

2. Quand Claire voyage, **ce qui lui manque**, c'est sa famille. Quand Jean-Louis voyage, **ce qui lui manque**, c'est son lit confortable. Quand Philippe Aucoin quitte la Louisiane, **ce qui lui manque**, c'est un bon beignet louisianais. Moi, quand je ne suis pas chez moi, **ce qui me manque**, c'est _____.

3. Si les enfants réussissent à l'école, les parents sont **fiers** d'eux. Si un pompier sauve quelqu'un d'un bâtiment qui brûle, sa femme est **fière** de lui. Quand une femme-écrivain publie son premier roman, son mari est **fier** d'elle. Moi, je suis **fier/fière** de _____ quand il/elle _____.

4. Dans les guerres, il y a parfois beaucoup de violence. Les soldats se battent. C'est-à-dire, que chaque armée **lutte** contre l'autre. En affaires aussi, il faut **lutter**. On **lutte** contre une autre compagnie pour vendre le plus du produit. Il est bon de **lutter** contre les injustices, comme la discrimination ou l'oppression. Moi, je pense que nous devons **lutter** contre _____.

5. En faisant la cuisine, on utilise souvent des herbes vertes comme le basilic, le coriandre, le persil, **le thym** ou **la menthe** pour assaisonner les plats. On peut utiliser la basilic dans la sauce aux tomates. On peut utiliser le coriandre dans une salsa mexicaine. On peut utiliser le persil pour garnir un plat de légumes. On peut utiliser **le thym** pour assaisonner un poulet rôti. On peut utiliser **la menthe** pour garnir un dessert. De toutes les herbes, moi, je préfère _____ pour assaisonner _____.

02.19 Vidéo : profil personnel *Regardez l'interview du Chapitre 2 de votre vidéo « Points de vue » et puis indiquez si les détails sur l'intervenante que vous y rencontrez sont vraies ou fausses.*

1. Il s'appelle Claude.   vrai   faux
2. Son pays d'origine est Haïti.   vrai   faux
3. Il habite aujourd'hui à Boston.   vrai   faux
4. Il est étudiant.   vrai   faux
5. Il veut devenir journaliste.   vrai   faux
6. Il parle anglais, français et kreyòl.   vrai   faux

Nom : _____   **Date :** _____

🎬 **02.20 Vidéo : compréhension** *Après avoir regardé le Chapitre 2 de la vidéo, répondez aux questions ou complétez les phrases suivantes en sélectionnant toutes les réponses qui sont vraies.*

1. Les raisons pour lesquelles Guimy est venu aux États-Unis sont...

_____ l'éducation   _____ les opportunités de travail

_____ la liberté d'expression   _____ être avec ses parents

2. En parlant de la vie haïtienne, Guimy mentionne...

_____ les plages   _____ la forêt

_____ les musées   _____ la communauté

_____ le beau climat   _____ la cuisine

_____ les problèmes politiques et économiques   _____ la musique

_____ la Révolution haïtienne   _____ les sports nautiques

3. En parlant de la cuisine haïtienne, Guimy mentionne...

_____ les ananas   _____ le riz

_____ le poulet   _____ les bananes

_____ les pois   _____ la viande

_____ le maïs   _____ le poisson

4. Comme plat préféré, Guimy dit...

_____ qu'il adore les fruits exotiques.

_____ qu'il préfère les hamburgers américains.

_____ qu'il n'a pas de préférence parce qu'il mange presque tout.

5. En parlant de la Révolution, Guimy mentionne...

_____ Toussaint Louverture   _____ Dessalines

_____ les esclaves   _____ les Français

_____ les Espagnols   _____ Napoléon Bonaparte

6. Quand Guimy parle de la diaspora haïtienne, il indique qu'on trouve des Haïtiens aujourd'hui dans quels endroits ?

_____ en Floride   _____ à Montréal

_____ en France   _____ à New York

_____ à Boston   _____ en Afrique de l'ouest

7. Dans le premier clip de « La cuisine », la jeune femme blonde parle d'un plat...

_____ français   _____ haïtien

_____ vietnamien   _____ chinois

8. Dans le deuxième clip de « La cuisine », l'homme suisse parle de quels types de fondues ?

_____ la fondue au fromage   _____ la fondue au chocolat

_____ la fondue italienne   _____ la fondue chinoise

_____ la fondue bourgignonne   _____ la fondue aux pommes de terre

_____ la fondue aux fruits

9. Dans le troisième clip de « La cuisine », l'homme martiniquais parle de quoi ?

_____ un plat à base de poulet   _____ un plat à base de poisson

_____ un plat à base de viande   _____ un plat végétarien

02.21. Vidéo : structures (le passé) *Voici un résumé de l'interview du Chapitre 2. Après avoir regardé la vidéo, terminez les phrases avec un verbe de la liste. Attention à la conjugaison des verbes au* **passé composé** *(PC) ou à l'*imparfait *(I).*

faire, se connaître, chasser, venir, manger, naître, jouer, étudier, briser

Guimy (1) _____ (PC) à Port-au-Prince. Il (2) _____ (PC) dans l'État de Massachusetts pour aller à l'université. Il (3) _____ (PC) la chimie à l'université. La vie à Haïti lui manque. Quand il était petit, tous les gens du quartier (4) _____ (I), et tous les enfants (5) _____ (I) ensemble. On (6) _____ (I) souvent des plats à base de riz, avec de la viande ou du poisson. Guimy est fier d'être Haïtien. Il parle de ses ancêtres qui (7) _____ (PC) la Révolution. Les esclaves (8) _____ (PC) leurs chaînes et ils (9) _____ (PC) leurs maîtres français de l'île pour établir un pays libre et indépendant.

02.22 Vidéo : structures (les articles et le partitif) *Après avoir regardé la vidéo, terminez les phrases en ajoutant un* **article défini** *(le, l', la, les), un* **article indéfini** *(un, une, des), le* **partitif** *(du, de l', de la) ou bien l'article* **de** *tout seul.*

1. Notre langue, c'est _____ kreyòl, et on parle français à l'école.

2. Ce pays a offert beaucoup _____ opportunités.

3. Dans un plat typique haïtien, on trouve _____ viande ou _____ poisson.

4. Je mange presque tout, moi. Pour bien dire, je n'ai pas _____ préférence.

5. Je suis né dans _____ pays qui est riche dans l'histoire.

6. Haïti, c'est _____ premier pays noir libre et indépendant.

7. Maintenant, _____ Haïtiens, ils sont dispersés.

02.23 Vidéo : vocabulaire *Répondez aux questions suivantes d'après ce que vous avez entendu et ce que vous avez vu dans la vidéo. Attention à l'usage des articles et du partitif !*

1. Guimy décrit des ingrédients d'un dîner typique haïtien. Quels sont les cinq ingrédients qu'il mentionne ?

_____

2. La jeune femme blonde parle d'un plat qui s'appelle « le bo bun » qu'on mange avec un « rouleau de printemps ». Quels sont les ingrédients qu'elle mentionne ?

_____

3. L'homme suisse parle de plusieurs types de fondue. Quels ingrédients entendez-vous ?

_____

4. L'homme martiniquais parle d'un plat qui s'appelle un « blaf ». Quels en sont les ingrédients ?

_____

02.24 Vidéo : culture *Réfléchissez à l'interview avec Guimy et aux images d'Haïti que vous avez vues dans cette vidéo. Ensuite, répondez aux questions personnelles.*

1. Guimy offre plusieurs raisons pour son immigration aux États-Unis. Quelles sont ses raisons principales ? Est-ce que vous pensez que ce sont de bonnes raisons ? Est-ce que ce sont des raisons typiques de la plupart des immigrants aux États-Unis ?

_____

_____

_____

_____

_____

_____

_____

_____

2. Guimy parle beaucoup de l'histoire de son pays, et il mentionne Dessalines, un esclave noir qui a lutté contre les Français, et puis qui est devenu brièvement l'empereur d'Haïti avant de périr dans une révolte en 1806. À votre avis, pourquoi est-ce que l'histoire du pays est important à Guimy ?

_____

_____

_____

_____

_____

_____

3. De tous les plats décrits dans la vidéo du Chapitre 2 (l'interview et les clips), lequel voudriez-vous essayer ? Pourquoi ?

_____

_____

_____

_____

_____

_____

_____

3   En vogue à Paris

Pour réviser

■ *Activités orales*

03.01 Comment dire : décrire les vêtements et les affaires personnelles

03.02 Comment dire : décrire les objets

03.03 Comment dire : décrire les gens (dictée)

03.04 Comment dire : s'excuser et pardonner

03.05 Comment dire : je me décris

■ *Activités écrites*

03.06 Vocabulaire : décrire les gens, les vêtements et les objets

03.07 Structures : les adjectifs descriptifs

03.08 Structures : l'adjectif possessif et le pronom possessif

03.09 Structures : le participe présent

03.10 Structures : l'infinitif passé

03.11 Structures : le passé composé et l'imparfait (suite)

03.12 Vous rappelez-vous ? les verbes irréguliers au présent

03.13 Recyclons ! les articles définis et indéfinis et le partitif

03.14 Culture : quiz culturel

03.15 Culture : comparaisons

03.16 Littérature : suite

■ *Activités audiovisuelles*

03.17 Avant de regarder : que savez-vous déjà ?

03.18 Avant de regarder : vocabulaire

03.19 Vidéo : profil personnel

03.20 Vidéo : compréhension

03.21 Vidéo : compréhension

03.22 Vidéo : structures (le passé)

03.23 Vidéo : vocabulaire

03.24 Vidéo : culture

Pour réviser

■ *Activités orales*

🔊 **03.01 Comment dire : décrire les vêtements et les affaires personnelles** *Vous êtes à Paris où vous faites du shopping dans les grands magasins du boulevard Haussmann. Vous voyez des gens qui eux aussi font du shopping. Écoutez les phrases et indiquez ce que chaque personne cherche.*

_____ 1. Hervé   **a.** des choses pour une journée de soleil

_____ 2. Armelle et Leila   **b.** des bijoux

_____ 3. Rachid et moi   **c.** un appareil pour le tourisme

_____ 4. Toi et Jacques   **d.** des choses pour la salle de bains

_____ 5. Djenann   **e.** des vêtements pour femmes

_____ 6. Émilie   **f.** des choses pour une journée de pluie

_____ 7. Tran et Linh   **g.** des chaussures

_____ 8. Gilles   **h.** un appareil pour le bureau

🔊 **03.02 Comment dire : décrire les objets** *Toujours dans les grands magasins, vous tombez sur un client qui a mauvaise mémoire. Il oublie les noms des objets qu'il cherche. Écoutez lorsqu'il décrit chaque objet. Après avoir écouté sa description, choisissez entre les objets suggérés afin d'indiquer le nom de l'objet qu'il cherche.*

1. a. des assiettes   **b.** des boutons

2. a. un foulard   **b.** une chemise

3. a. un collier   **b.** une montre

4. a. un sac à main   **b.** un chapeau

5. a. des gants   **b.** des chaussures

6. a. un grille-pain (*toaster*)   **b.** une poubelle (*trash can*)

03.03 Comment dire : décrire les gens (dictée) *Voici un paragraphe de la lettre de Marie à sa sœur dans laquelle elle décrit ses nouveaux amis, Benoît et Florence. Le narrateur va lire ce texte trois fois. La première fois, écoutez attentivement. La deuxième fois, le paragraphe sera lu plus lentement. En écoutant, écrivez chaque phrase exactement comme vous l'entendez. La troisième fois, écoutez encore en relisant ce que vous avez écrit pour vérifier votre transcription.*

_____

_____

_____

_____

_____

_____

_____

_____

_____

_____

_____

_____

_____

_____

_____

_____

_____

03.04 Comment dire : s'excuser et pardonner *On s'excuse ! Écoutez les excuses suivantes et choisissez la réponse (a) ou la réponse (b) pour accepter les excuses ou pour exprimer votre colère, selon la réaction indiquée.*

1. *Acceptez les excuses !*
   a. Ne t'en fais pas !
   b. Tu n'as pas honte ?

2. *Non ! Vous êtes en colère.*
   a. Tu as eu tort !
   b. Il n'y a pas de quoi !

3. *Non ! Vous êtes en colère.*
   a. N'y pensez plus !
   b. Il est trop tard pour vous excuser !

4. *Acceptez les excuses !*
   a. Quel prétentieux !
   b. Ce n'est pas si grave que ça !

5. *Acceptez les excuses !*
   a. Je te pardonne.
   b. Je t'en veux, tu sais.

6. *Non ! Vous êtes en colère.*
   a. Ne vous en faites pas !
   b. Vous n'avez pas honte ?

03.05 Comment dire : je me décris *Imaginez que vous rencontrez quelqu'un pour la première fois aujourd'hui, mais vous êtes dans un endroit public comme le centre commercial. Décrivez-vous pour que la personne puisse vous reconnaître. N'oubliez pas de parler des choses suivantes: votre description physique (taille, yeux, cheveux, etc.); les vêtements que vous portez aujourd'hui (n'oubliez pas les couleurs de vos vêtements).*

■ Activités écrites

03.06 Vocabulaire : décrire les gens, les vêtements et les objets *Vous êtes à Paris où vous voyez beaucoup de gens différents. Vous remarquez la diversité ethnique des Parisiens. Décrivez les gens suivants en imaginant leurs traits physiques (évitez les stéréotypes !), les vêtements qu'ils portent au travail (n'oubliez pas d'indiquer la couleur de leurs vêtements) et les objets qu'on associe à leur profession. Si vous ne connaissez pas les mots pour les objets ou les types de vêtements, décrivez-les en employant des adjectifs !*

1. un agent de police devant le Louvre
   _____
   _____
   _____

2. une serveuse dans un restaurant
   _____
   _____
   _____

3. un médecin à l'hôpital
   _____
   _____
   _____

4. une femme d'affaires dans le métro
   _____
   _____
   _____

5. une caissière dans une boulangerie
   _____
   _____
   _____

6. un étudiant qui se détend dans le jardin du Luxembourg
   _____
   _____
   _____

7. une artiste à Montmartre
   _____
   _____
   _____

8. un musicien dans un club de jazz
   _____
   _____
   _____

03.07 Structures : les adjectifs descriptifs *François Phan, le témoin qui avait aidé les policiers à l'aéroport, est rentré chez lui. Il habite une maison dans le 4ème arrondissement de Paris. Là, il montre des photos de son voyage à Ho Chi Minh Ville (autrefois la ville de Saïgon) à sa femme et à ses enfants. Aidez-lui à être plus descriptif. Récrivez les phrases indiquées et ajoutez les adjectifs donnés afin de modifier le nom en caractères gras. N'oubliez pas de faire l'accord et de bien placer l'adjectif !*

1. Voici **la maison** de mes grands-parents. (nouveau, joli)

   —Voici la _____ de mes grands-parents.

2. Devinez qui est l'homme dans **la photo**. (prochain)

   —Devinez qui est l'homme dans la _____.

3. C'est Monsieur Loc ! C'est **le propriétaire** de la maison. Il l'a vendue à mes parents. (ancien)

   —C'est le/l' _____ de la maison.

4. Derrière lui, on peut voir sa voiture. Il adore **cette voiture**. (français, petit)

   —Il adore cette _____.

5. Ce sont les voisines de mes grands-parents. Ce sont **des femmes**. (gentil, généreux)

   —Ce sont des _____.

6. Ah ! Voici mes photos de la ville. Vous voyez comme elle a changé ? C'est **une ville** ! (grand, urbain)

   —C'est une_____ !

7. On y trouve beaucoup **de gens** qui veulent améliorer leur vie. (optimiste, jeune)

   —On y trouve beaucoup de _____ qui veulent améliorer leur vie.

8. Voici **une église** construite pendant l'occupation française. (catholique, vieux)

   —Voici une _____ construite pendant l'occupation française.

9. C'est une photo **des montagnes** que j'ai vues de l'avion. (beau, rocheux)

   —C'est une photo des _____ que j'ai vues de l'avion.

10. C'était un voyage inoubliable, mais je suis content d'être dans **ma maison**, même si tout est en désordre ici ! (petit, propre)

    —C'était un voyage inoubliable, mais je suis content d'être dans ma _____, même si tout est en désordre ici !

03.08 Structures : l'adjectif possessif et le pronom possessif *Thien, la femme de François Phan, explique que leurs enfants avaient invité leurs amis à jouer chez eux après l'école. Ils sont rentrés tous ensemble et ont laissé leurs affaires partout. Au moment de leur départ, les enfants s'amusent à dire des bêtises. Thien les corrige en indiquant le vrai propriétaire de chaque objet. Terminez les phrases avec un **adjectif possessif** ou un **pronom possessif** qui correspond au sujet entre parenthèses.*

MODÈLES :

HANH : Ce sont _____*mes*_____ chaussettes. (*je*)

THIEN : Non, ce sont les chaussettes de Mai. Ce sont les _____*siennes*_____. (*elle*)

HANH : Ce sont (1) _____ chaussures noires, Ahmed. (*tu*)

THIEN : Non, ce sont les chaussures de Sachielle. Ce sont les (2) _____. (*elle*)

OUSMANE : Ah, voici (3) _____ parapluie rose ! (*je*)

THIEN : Non ! Ce parapluie est à moi. C'est le (4) _____. (*je*)

SACHIELLE : Tiens, Mai et Kim, voilà (5) _____ lunettes. (*vous*)

THIEN : Mais non ! Ces lunettes sont à toi. Ce sont les (6) _____. (*tu*)

MAI : Dis donc ! C'est (7) _____ portable ! (*elle*)

THIEN : Non ! Ce portable est à toi et ta sœur. C'est le (8) _____. (*vous*)

AHMED : Qu'est-ce que je vois ? Ousmane, c'est (9) _____ cassette-vidéo ! (*nous*)

THIEN : Allez ! Tu sais que cette vidéo est à nous. C'est la (10) _____ ! (*nous*)

OUSMANE : Et ces cahiers dans la chambre de Mai et Kim ? Ce sont (11) _____ cahiers ? (*elles*)

THIEN : Oui. Ce sont les (12) _____. (*elles*)

03.09 Structures : le participe présent
Les enfants de la famille Phan sont très actifs et très doués mais aussi parfois assez coquins. François parle de leurs habitudes. Terminez les phrases en employant le **participe présent** *des verbes donnés.*

FRANÇOIS : Mai fait ses devoirs en (attendre) (1) _____ l'autobus et en (parler) (2) _____ au portable. Kim chante en (prendre) (3) _____ sa douche et en (s'habiller) (4) _____ le matin. Par contre, Hanh arrive à jouer ses jeux électroniques en (écouter) (5) _____ de la musique et en (finir) (6) _____ son dîner. Tous les trois adorent aller au parc et ils y vont souvent en (se disputer) (7) _____ et tout en (promettre) (8) _____ d'arrêter. Le soir, en (faire) (9) _____ la cuisine, ma femme et moi, nous rions en (se souvenir) (10) _____ de ce qu'ils ont fait pendant la journée.

03.10 Structures : l'infinitif passé
*Thien descend à l'épicerie avec François qui veut savoir comment vont les affaires. Sa femme lui décrit un couple qui est venu plus tôt dans la journée leur parler d'un vol et cherchant un témoin. Tout d'un coup, François se souvient de ne pas avoir raconté l'histoire de la valise volée à sa femme. Voici ce que François a fait plus tôt dans la journée. Aidez-le à raconter sa journée en décrivant la suite des événements. Employez l'*infinitif passé *et le* passé composé *afin d'enchaîner les événements.*

Événements : descendre de l'avion → arriver à la livraison des bagages enregistrés → trouver ma valise → aller aux toilettes → voir un homme qui fouillait une valise verte → réfléchir à la situation → décider d'avertir les policiers → fournir un témoignage → partir de l'aéroport en métro → s'endormir dans le train → rater ma station de correspondance → sortir du métro → prendre un taxi à la maison

MODÈLE : Après *être descendu* de l'avion, je *suis arrivé* à la livraison des bagages enregistrés.
    Après *être arrivé* à la livraison des bagages enregistrés, j'*ai trouvé* ma valise.

1. Après _____ ma valise, je / j'_____ aux toilettes.

2. Après _____ aux toilettes, je / j' _____ un homme qui fouillait une valise verte.

3. Après _____ l'homme, je / j' _____ à la situation.

4. Après _____ à la situation, je / j' _____ d'avertir les policiers.

5. Après _____ d'avertir les policiers, je / j' _____ un témoignage.

6. Après _____ mon témoignage, je / j'_____ de l'aéroport en métro.

7. Après _____ de l'aéroport en métro, je / j' _____ dans le train.

8. Après _____ dans le train, je / j'_____ ma station de correspondance.

9. Après _____ ma station de correspondance, je / j' _____ du métro.

10. Après _____ du métro, je / j' _____ un taxi à la maison.

03.11 **Structures : le passé composé et l'imparfait (suite)** *La famille Plouffe pense que Claire est folle de poursuivre ce manuscrit. Ses parents ont peur que ce projet de recherche soit trop compliqué et ils ne comprennent pas pourquoi elle fait confiance à des inconnus comme cette femme créole qui l'a poussée à aller à Paris ou ce jeune homme français qui fait semblant de vouloir l'aider. Marie essaie de calmer ses parents et se souvient d'une anecdote qui explique la personnalité de sa sœur. Choisissez entre le* **passé composé** *ou* l'**imparfait** *selon le contexte.*

MARIE : Dans une de mes lettres à Claire, je (1) [l'ai décrite, la décrivais] comme intelligente mais aussi un peu bête. Vous vous souvenez de ce qu'elle (2) [a fait, faisait] tout le temps quand elle (3) [a été, était] petite. Elle (4) [n'a pas eu, n'avait pas] beaucoup de jouets, mais elle (5) [a lu, lisait] tout le temps. Comme elle (6) [a adoré, adorait] ses livres ! Ce n'est qu'une hypothèse, mais je pense qu'à cause de ces livres, Claire (7) [est devenue, devenait] quelqu'un de très intelligent et très idéaliste. Elle voit toujours le bon côté des choses et elle fait toujours beaucoup trop confiance aux autres.

Vous souvenez-vous du jour où vous lui (8) [avez demandé, demandiez] d'aller chercher du lait au supermarché ? Elle y (9) [est allée, allait] le nez dans son livre. Alors, quand un vieil homme (10) [l'a frôlée, la frôlait] en passant (*brushed against her*), elle (11) [s'est excusée, s'excusait] parce qu'elle (12) [n'a pas compris, ne comprenait pas] que cet homme (13) [est arrivé, arrivait] à lui piquer son argent. En effet, au moment d'arriver au supermarché, elle (14) [s'est rendu compte, se rendait compte] que son porte-monnaie (15) [n'a pas été, n'était pas] dans sa poche. Elle (16) [n'a pas pu, ne pouvait pas] croire qu'un vieil homme ait pu faire cela, et elle (17) [a tenu, tenait] à l'idée d'avoir perdu son argent quelque part. Donc, elle (18) [a passé, passait] tout l'après-midi à chercher l'argent dans la rue ! Bien sûr, elle (19) [ne l'a pas trouvé, ne la trouvait pas]. Mais enfin, cet incident (20) [n'a pas changé, ne changeait pas] le caractère de Claire. Elle est toujours idéaliste et confiante. Je crois que c'est cet idéalisme et cette confiance qui la poussent à poursuivre ce manuscrit, malgré les gens qu'elle rencontre en route.

03.12 **Vous rappelez-vous ? les verbes irréguliers au présent** *En France, Claire pense à sa famille presqu'au même moment où ils discutent de son projet de recherche. Elle parle à Jean-Louis de la vie au Québec. Choisissez parmi les verbes suivants et terminez les phrases en conjuguant le verbe au* **présent**. *Vous pouvez utiliser quelques verbes plus d'une fois.*

mettre, partir, sortir, tenir (à), admettre, promettre, permettre

CLAIRE : Je (1) _____ à écrire très souvent à ma sœur et de téléphoner régulièrement à mes parents. Ma sœur a un ordinateur dans sa chambre qui lui (2) _____ de lire et d'écrire souvent des courriels. Mes parents (3) _____ toujours d'apprendre à l'utiliser, mais ils ne le font pas. Ils refusent d'accepter l'idée que les nouvelles technologies puissent rendre la communication plus facile. Je/J' (4) _____ qu'il est difficile d'apprendre à utiliser l'ordinateur. C'est beaucoup demander.

JEAN-LOUIS : Et tes parents, est-ce qu'ils (5) _____ souvent en vacances ? J'imagine que la moitié de la population (6) _____ en hiver à la recherche d'un climat plus doux.

CLAIRE : Au contraire ! Nous, les Québécois, nous (7) _____ à célébrer cet aspect de notre vie. En hiver, même quand il fait froid, nous (8) _____ dîner en ville, faire du sport ou bien nous promener. Nous (9) _____ des pulls en laine, des chapeaux et de grands manteaux. Les vieilles dames ne (10) _____ jamais sans

leurs fourrures. Ces vêtements chauds nous (11) _____ de rester dehors

quand les températures baissent. À Montréal, où j'ai grandi, il y a pourtant un système de tunnels

souterrains qui (12) _____ aux gens d'aller d'une partie de la ville à une autre

sans sortir.

JEAN-LOUIS : Tiens, mais, c'est génial ! Tu (13) _____ de me montrer ces tunnels la

prochaine fois que je visite Montréal ?

CLAIRE : C'est promis.

03.13 Recyclons ! les articles définis et indéfinis et le partitif *Pendant l'absence de sa sœur, Marie Plouffe emprunte parfois ses affaires. Un jour, elle va dans la chambre de sa sœur avec son amie. Voici ce qu'elles y trouvent. Utilisez un* **article défini**, *un* **article indéfini**, *le* **partitif** *ou l'article* **de**.

MARIE : Ce week-end, il y a une soirée chez Benoît et il me faut (1) _____ jolie robe.

Ma sœur a beaucoup (2) _____ beaux vêtements et nous sommes à peu près

de la même taille. Je pense qu'elle a (3) _____ robes dans son armoire.

Voyons… il n'y a que deux robes et elles sont moches. Mais voici (4) _____

jupe noire. J'adore (5) _____ jupes classiques comme celle-ci. Et voici

(6) _____ chemisier en soie. C'est joli, non ? Si je porte (7)

_____ jupe noire avec (8) _____ chemisier en soie, est-ce

que j'aurai besoin d'(9) _____ gilet ? Je déteste (10) _____

gros gilets en laine. Ils ne sont pas très flatteurs. Mais, tiens ! Claire a laissé son gilet rose en

cachemire ! C'est parfait ! Alors, voyons si nous pouvons trouver (11) _____

bijoux et (12) _____ parfum. Je n'ai plus (13) _____

parfum, et (14) _____ parfums en général coûtent très cher. Je suis sûre que

ma sœur ne m'en voudrait pas si j'utilisais le sien.

Nom : _____   Date : _____

03.14 Culture : quiz culturel *Que savez-vous déjà ? Répondez aux questions ou complétez les phrases suivantes en choisissant la meilleure réponse.*

1. Paris est…
   a. une île sur la Seine
   b. la capitale du Vietnam
   c. une ville multiculturelle
   d. un pays francophone

2. On appelle une partie de la rive gauche « le Quartier latin » parce qu'on y trouve…
   a. des restaurants romains
   b. beaucoup d'immigrants de l'Amérique du Sud
   c. des universités très anciennes
   d. des gens qui parlent encore le latin

3. Chez les bouquinistes, on ne peut pas acheter…
   a. des livres anciens
   b. des gravures rares
   c. de vieilles affiches
   d. de beaux gilets

4. Dans un grand magasin, on ne peut pas acheter…
   a. des rouleaux de printemps
   b. des collants
   c. des foulards
   d. des cravates

5. Il y a combien d'arrondissements à Paris ?
   a. 20   **b.** 10
   c. 19   **d.** 2

6. Le Quartier latin se trouve dans les 5ème et 6ème arrondissements. Dans quels arrondissements se trouve le Marais ?
   a. le 1er et le 2ème
   b. le 3ème et le 4ème
   c. le 7ème et le 8ème
   d. le 13ème et le 14ème

7. Si on voit quelqu'un qui porte un jean déchiré, des sandales, des lunettes de soleil et une grande chemise à rayures jaunes, rouges et vertes, on dirait que cette personne est…
   a. BCBG   **b.** sportif
   c. baba-cool   **d.** classique

8. Le Vietnam a été une colonie française de…
   a. 1215 à 1317   **b.** 1578 à 1669
   c. 1789 à 1892   **d.** 1857 à 1954

9. Le nom de la bataille qui a mis fin à la guerre d'Indochine était…
   a. la bataille de Ho Chi Minh
   b. la bataille de Dien Bien Phu
   c. la bataille de Hanoï
   d. la bataille de Saïgon

10. Saïgon est…
    a. la capitale du Vietnam
    b. le nom d'un chef du parti communiste
    c. l'ancien nom de la ville de Ho Chi Minh
    d. au nord du Vietnam

11. Lequel est le monument parisien le plus ancien ?
    a. la cathédrale de Notre-Dame
    b. la tour Eiffel
    c. les Arènes de Lutèce
    d. la Pyramide du Louvre

12. Au 16ème siècle, il y a eu en France une période de grand intérêt pour les arts, pour la littérature classique et pour les nouvelles idées. On a appellé cette période…
    a. le Moyen Âge
    b. la Renaissance
    c. le Siècle des Lumières
    d. l'Âge Romantique

13. Pour s'excuser d'une faute, on ne peut pas dire…
    a. « J'ai fait une bêtise ! »
    b. « Je suis navré(e) ! »
    c. « Tu m'en veux ? »
    d. « Tu n'as pas honte ? »

14. Un antiquaire passe son temps en…
    a. dessinant et cousant
    b. achetant et vendant
    c. dansant et chantant
    d. écrivant et lisant

15. L'Hôtel Quasimodo est nommé ainsi en l'honneur…
    a. du premier roi de France
    b. d'un personnage d'un roman de Victor Hugo
    c. de l'ancienne maison de Madame de Sévigné
    d. de l'amante de Pierre de Ronsard

03.15 Culture : comparaisons *Imaginez que vous êtes à Paris et que vous voulez acheter des souvenirs et des cadeaux. Faites une liste de quatre ou cinq produits que vous voulez acheter et qui sont, à votre avis, typiquement français. Ensuite, pensez à ce qu'on vend aux touristes qui viennent aux États-Unis. Faites une liste de quatre ou cinq produits que vous pensez être typiquement américains. Ensuite, comparez vos deux listes. Est-ce que les produits « français » s'achètent uniquement en France ? Et les produits « américains », peut-on les trouver ailleurs ? Sont-ils vraiment représentatifs de leur pays ? Pourquoi ou pourquoi pas ?*

_____

_____

_____

_____

_____

_____

_____

_____

_____

_____

_____

_____

_____

_____

_____

_____

_____

_____

03.16 Littérature : suite *La Parure* de Guy de Maupassant *Imaginez la suite de cette conversation entre Madame Loisel et Madame Forestier, les deux personnages principaux du texte de Maupassant. Comment est-ce qu'elles vont régler cette affaire ? Écrivez un petit dialogue.*

03.17 Avant de regarder : que savez-vous déjà ? *Que savez-vous déjà de Paris et de sa population multiculturelle ? Avant de regarder la vidéo, répondez aux questions suivantes en sélectionnant toutes les bonnes réponses.*

1. Où se trouve Paris en France ?

_____ au nord

_____ au sud

_____ à l'est

_____ à l'ouest

2. Comment est-ce que cette ville est divisée ?

_____ en paroisses

_____ en arrondissements

_____ en quartiers

_____ en villages

_____ en départements

3. Lesquels sont des monuments ou musées parisiens construits avant le 20ème siècle ?

_____ le Louvre

_____ l'arc de Triomphe

_____ le Centre Beaubourg

_____ la tour Eiffel

_____ la tour Montparnasse

_____ la cathédrale de Notre-Dame

_____ l'Opéra de la Bastille

_____ les Invalides

4. Pour quels produits ou industries Paris est-elle célèbre ?

_____ les parfums

_____ le tourisme

_____ les beignets

_____ le rhum

_____ la mode

5. Quels groupes ethniques se trouvent à Paris ?

_____ des Européens

_____ des Asiatiques

_____ des Africains

_____ des Arabes

_____ des Antillais

03.18 Avant de regarder : vocabulaire *Connaissez-vous les mots suivants ? Lisez les paragraphes suivants et essayez de comprendre le sens des mots en caractères gras (que vous allez entendre dans l'interview). Ensuite, terminez les phrases logiquement.*

1. Après l'université, on espère commencer à travailler. On se destine à une profession ou un **métier**. Le **métier** de Philippe Aucoin, c'est hôtelier. Le **métier** de Jean-Louis Royer, c'est barman (et antiquaire !). Le **métier** qui m'intéresse, c'est _____.

2. Pour fabriquer un produit en grandes quantités, il faut avoir une **usine**. Par exemple, pour fabriquer des voitures, on a besoin d'une **usine** d'automobiles. Pour fabriquer des vêtements, on a besoin d'une **usine** de _____.

3. Il y a une variété de chemises qu'on peut acheter : des chemises avec de longues **manches** ou des chemises avec des **manches** courtes. Au bureau, les hommes portent souvent des chemises à longues **manches**, une cravate et une veste. Mais quand il fait très chaud, il est bon de porter une chemise à **manches** courtes qui est moins formelle. Les tee-shirts aussi peuvent avoir de longues **manches** ou des **manches** courtes. Quelquefois, on porte un haut sans **manches**. Moi, aujourd'hui, je porte un vêtement avec _____.

4. Quand on a peur de faire quelque chose, on peut commencer à le faire lentement, peu à peu. C'est-à-dire, qu'on marche à **petits pas**, comme un bébé. On ne **saute** pas dans l'eau, on y met un petit doigt de pied et on entre dans la piscine graduellement. Ces gens sont plus prudents. Pourtant, il y a des gens qui préfèrent surmonter l'obstacle plus rapidement, tout d'un coup, en faisant un **grand pas** en avant ou en faisant le **grand saut**. Ce sont des gens plus courageux. Moi, je suis plutôt _____. Je préfère surmonter un obstacle _____.

5. Il y a des gens qui aiment toujours fabriquer à main leurs propres vêtements. Pour faire ceci, il faut savoir **coudre** avec une aiguille et du fil et des morceaux de **tissu** en coton ou en laine. On peut utiliser une machine à **coudre**, qui facilite l'affaire un peu en **cousant** les morceaux de **tissu** plus rapidement. Dans le passé, on **a** souvent **cousu** les vêtements à main, mais aujourd'hui on achète plus souvent des vêtements prêts-à-porter. Moi, comme **tissu** aujourd'hui, je porte _____. Et mon vêtement a été **cousu** par _____.

03.19 Vidéo : profil personnel *Regardez les interviews du Chapitre 3 de votre vidéo « Points de vue » et puis indiquez si les phrases suivantes sont vraies ou fausses.*

1. Véronique est française.	vrai	faux
2. Véronique a grandi en France et en Allemagne.	vrai	faux
3. Véronique habite aujourd'hui à Montréal.	vrai	faux
4. Elle a étudié l'informatique.	vrai	faux
5. Elle travaille aujourd'hui comme agent de tourisme.	vrai	faux
6. Véronique est blonde.	vrai	faux
7. Richard est d'origine chinoise.	vrai	faux
8. Richard a grandi au Vietnam.	vrai	faux
9. Richard est étudiant en biologie.	vrai	faux
10. Richard parle anglais, français, chinois mandarin, un dialecte chinois et un peu de japonais.	vrai	faux

03.20 Vidéo : compréhension *Après avoir regardé le Chapitre 3 de la vidéo, terminez les phrases en choisissant la meilleure réponse.*

1. Véronique est née [en France, au Canada, en Allemagne].

2. Véronique est [professeur d'allemand, informaticienne, étudiante].

3. Richard est d'origine [chinoise, vietnamienne, cambodgien].

4. Les parents de Richard sont nés [en Côte d'Ivoire, aux États-Unis, au Cambodge].

5. Richard aime [les langues, les arts, la musique].

6. Véronique trouve que Paris a beaucoup de [charme, pollution, crime].

7. À Paris, on ne peut pas trouver [des restaurants asiatiques, des monuments historiques, des plages tropicales].

8. Richard a habité le [20ème, 13ème, 5ème] arrondissement à Paris.

9. Véronique pense que la mode est importante à Paris, surtout pour [le travail, les discothèques, les rendez-vous romantiques].

10. Au travail, les hommes parisiens portent souvent [des tennis, une cravate, une jupe].

11. Au travail, les femmes parisiennes peuvent porter [un jean, un tee-shirt, une jupe].

12. Les femmes ont [plus de, moins de, autant de] choix en tenue vestimentaire pour le travail que les hommes.

13. Véronique avait peur de faire le grand saut et de quitter l'Europe pour aller [en Afrique, en Asie, en Amérique du Nord].

14. Dans le premier clip sur « Les vêtements », la femme sénégalaise montre un vêtement adapté au climat [chaud, froid, tempéré] de son pays.

15. Dans le deuxième clip sur « Les vêtements », la femme sénégalaise montre un vêtement qui montre beaucoup de symboles culturelles, comme [un lion, une fleur de lys, des étoiles jaunes].

03.21 Vidéo : compréhension *Après avoir regardé le Chapitre 3 de la vidéo, répondez aux questions ou complétez les phrases suivantes en choisissant toutes les mots que vous avez entendus.*

1. Les groupes ethniques principaux qu'on trouve à Paris, selon Véronique et Richard, sont d'origine...

_____ africaine	_____ algérienne
_____ turque	_____ marocaine
_____ tunisienne	_____ vietnamienne
_____ chinoise	_____ cambodgienne

2. Les vêtements mentionnés par Véronique et Richard sont...

_____ le pantalon	_____ la veste
_____ le tee-shirt	_____ la jupe
_____ le costume	_____ la cravate
_____ les chaussures	_____ la chemise
_____ le haut	_____ le jean
_____ la robe	_____ les tennis
_____ le chapeau	

03.22 Vidéo : structures (le passé) *Voici un résumé des interviews du Chapitre 3. Après avoir regardé la vidéo, terminez les phrases avec un verbe de la liste. Attention à mettre les verbes à l'**infinitif passé**, au **passé composé** ou à l'**imparfait**. Vous pouvez utiliser les verbes plus d'une fois.*

avoir, naître, recevoir, aller, déménager *(to move)*, **aimer, retourner, être**

Véronique et Richard sont deux personnes qui (1) _____ beaucoup pendant leurs vies.

Après (2) _____ en Allemagne, Véronique (3) _____ en France pour

ses études. Ensuite, après (4) _____ son diplôme en informatique, elle

(5) _____ à Boston pour chercher du travail. De toutes les villes, elle

(6) _____ le plus vivre à Paris, qu'elle considère sa ville en France. Richard

(7) _____ à Boston, ensuite il (8) _____ à Abidjan en Côte d'Ivoire.

Puis, il (9) _____ à Paris. Après (10) _____ à Abidjan pour quelques

ans, il (11) _____ à Boston pour ses études universitaires en relations internationales. Il

(12) _____ beaucoup habiter à Paris. Il (13) _____ beaucoup d'amis

et son quartier (14) _____ très animé.

03.23 Vidéo : vocabulaire *Répondez aux questions suivantes d'après ce que vous avez entendu et ce que vous avez vu dans la vidéo. Attention à l'usage des articles et du partitif !*

1. Comment est Véronique ? Décrivez-la physiquement.

_____

2. Comment est Richard ? Décrivez-le physiquement.

_____

3. Qu'est-ce que Richard porte pour son interview ?

_____

4. Qu'est-ce qu'un homme parisien porte, typiquement, pour aller au travail ?

_____

5. Qu'est-ce que Véronique conseille aux femmes de porter au travail ?

_____

6. Qu'est-ce qu'il faut éviter (ne pas porter) au travail à Paris d'après Véronique ?

_____

7. Trouvez une tenue (*outfit*) que vous aimez parmi les images des gens parisiens dans la vidéo et décrivez-la.

_____

8. Décrivez les vêtements traditionnels sénégalais qu'on montre dans les clips sur « Les vêtements ». Aimeriez-vous les porter ? Pourquoi ou pourquoi pas ?

_____

_____

_____

03.24 Vidéo : culture *Réfléchissez à l'interview avec Véronique et Richard et aux images de Paris que vous avez vues dans cette vidéo. Ensuite, répondez aux questions personnelles.*

1. Véronique et Richard sont deux personnes qui ont beaucoup voyagé et qui représentent l'esprit urbaine et multiculturelle de la ville de Paris aujourd'hui. Chacun a des souvenirs de Paris. Pour Véronique, c'est le charme des bâtiments historiques. Pour Richard, c'est son quartier animé avec beaucoup de magasins et de restaurants asiatiques. À votre avis, est-ce que leurs impressions de Paris sont stéréotypiques ou est-ce qu'elles sont représentatives de cette ville aujourd'hui ?

   _____

   _____

   _____

   _____

2. D'après Véronique et Richard, la mode est très importante à Paris, où l'on demande aux gens d'être habillés « correctement ». Expliquez cette idée et comparez la mentalité parisienne à celle de votre ville américaine. Trouvez-vous des similarités ou des différences dans cette mentalité ?

   _____

   _____

   _____

   _____

3. Dans le clip sur « Les vêtements » à la fin de ce chapitre, la femme sénégalaise explique l'importance culturelle du vêtement « MC ». De quels aspects de la culture sénégalaise parle-t-elle ? Est-ce que les vêtements américains portent des symboles ou des images culturelles ? Nommez quelques-uns et comparez leur signifiance avec le vêtement sénégalais.

   _____

   _____

   _____

   _____

Nom : _____   **Date :** _____

4   Une famille francophone

Pour réviser

■ *Activités orales*

04.01 Comment dire : décrire les gens (le caractère)

04.02 Comment dire : exprimer son désaccord et se réconcilier

04.03 Comment dire : exprimer la nostalgie (dictée)

04.04 Comment dire : la personne que j'admire le plus

■ *Activités écrites*

04.05 Vocabulaire : la famille

04.06 Structures : les adjectifs démonstratifs

04.07 Structures : les pronoms démonstratifs

04.08 Structures : les adjectifs interrogatifs

04.09 Structures : les pronoms interrogatifs

04.10 Structures : le plus-que-parfait

04.11 Structures : le passé composé, l'imparfait et le plus-que-parfait

04.12 Vous rappelez-vous ? les verbes irréguliers au présent

04.13 Vous rappelez-vous ? les verbes *connaître* et *savoir*

04.14 Recyclons ! le pronom possessif

04.15 Culture : quiz culturel

04.16 Culture : comparaisons

04.17 Littérature : Suite

■ *Activités audiovisuelles*

04.18 Avant de regarder : que savez-vous déjà ?

04.19 Avant de regarder : vocabulaire

04.20 Vidéo : profil personnel

04.21 Vidéo : compréhension

04.22 Vidéo : structures (le passé)

04.23 Vidéo : structures (l'interrogatif)

04.24 Vidéo : vocabulaire

04.25 Vidéo : culture

Pour réviser

■ *Activités orales*

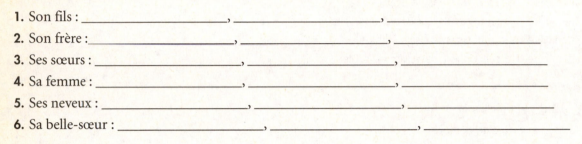

04.01 Comment dire : décrire les gens (le caractère) *Talal Lateef a une famille nombreuse. Écoutez lorsque le narrateur, un ami de Talal, vous décrit ses parents. Choisissez les adjectifs que Talal emploie pour décrire le caractère des individus mentionnés.*

MODÈLE : **Vous entendez :** « Sa fille Karine est une jeune femme intelligente et indépendante. »

Vous sélectionnez : Sa fille: *jeune, intelligente, indépendante*

Adjectifs : aimable, ambitieux, bavardes, bel, chaleureuses, consciencieuse, créateur, énergiques, fiable, impatients, impulsif, insupportables, nerveuse, ouverte, réservée, sérieux, sincère, sociables

1. Son fils : _____, _____, _____

2. Son frère : _____, _____, _____

3. Ses sœurs : _____, _____, _____

4. Sa femme : _____, _____, _____

5. Ses neveux : _____, _____, _____

6. Sa belle-sœur : _____, _____, _____

04.02 Comment dire : exprimer son désaccord et se réconcilier *Vous discutez avec une vieille dame que vous venez de rencontrer à Paris et elle exprime ses opinions à propos de la famille moderne. Écoutez les opinions et choisissez la réponse (a) ou (b) d'après les indications données.*

1. *Vous n'êtes pas d'accord !*
   a. À la rigueur, on peut dire qu'elle a changé.
   b. Je vois ce que vous voulez dire.

2. *Réconciliez-vous !*
   a. Vous avez peut-être raison.
   b. À quoi bon critiquer les enfants ?

3. *Vous n'êtes pas d'accord !*
   a. Attendez, je ne suis pas tout à fait d'accord !
   b. Cette idée a ses bons côtés.

4. *Vous n'êtes pas d'accord !*
   a. Il faut considérer la chose sous tous ses aspects.
   b. Mais, ce n'est pas possible !

5. *Réconciliez-vous !*
   a. Je comprends ce que vous voulez dire.
   b. Mais non ! Vous avez tort !

6. *Réconciliez-vous !*
   a. C'est bien dit. Je suis tout à fait d'accord avec vous.
   b. Il ne s'agit pas de cela !

04.03 Comment dire : exprimer la nostalgie (dictée) *Voici un paragraphe d'une lettre que la mère de Talal lui a écrit et dans laquelle elle parle du bon vieux temps. La première fois, écoutez attentivement. La deuxième fois, le paragraphe sera lu plus lentement. En écoutant, écrivez chaque phrase exactement comme vous l'entendez. La troisième fois, écoutez encore en relisant ce que vous avez écrit pour vérifier votre transcription.*

04.04 Comment dire : la personne que j'admire le plus *Vous parlez avec une personne francophone lors d'une interview pour un job d'été en France. Cette personne veut savoir qui est la personne que vous admirez le plus et comment est le caractère de cette personne. Pensez à la personne que vous admirez le plus et décrivez-la à haute voix. N'oubliez pas de parler des choses suivantes : le nom de la personne ; comment vous connaissez la personne (est-ce un ami, un parent, etc. ?) ; une bonne description du caractère de la personne.*

■ Activités écrites

04.05 Vocabulaire : la famille *La vieille dame que vous avez rencontrée à Paris parle de sa famille. Voici la description de plusieurs de ses parents. Lisez le paragraphe et répondez aux questions en choisissant le meilleur mot de vocabulaire pour décrire les liens de famille.*

> « Le fils de mon frère est très têtu. Mon frère s'est marié très jeune avec une femme très sensible que j'aime beaucoup. Ils ont eu trois enfants : un fils et deux filles. Les deux filles sont adorables. Mon mari et moi, nous n'avons pas de fille, mais je suis la marraine de la fille de nos voisins. C'est une jeune femme très énergique. J'ai deux fils qui sont mariés. La femme de l'aîné est très gentille. Elle me rend souvent visite. Le cadet et sa femme ont des fils jumeaux qui sont tous deux fantastiques. La mère de mon mari habite avec nous. C'est une femme insupportable ! Son mari était un homme très généreux. Il est décédé il y a bien des années. »

1. Qui est têtu ?
   a. son neveu
   b. son fils
   c. son oncle

2. Qui est sensible ?
   a. son frère
   b. sa soeur
   c. sa belle-soeur

3. Qui est adorable ?
   a. ses nièces
   b. ses filles
   c. ses belles-soeurs

4. Qui est énergique ?
   a. sa fille
   b. sa nièce
   c. sa filleule

5. Qui est gentille ?
   a. sa grand-mère
   b. sa belle-fille
   c. sa fille

6. Qui est fantastique ?
   a. ses neveux
   b. ses petits-fils
   c. ses belle-filles

7. Qui est insupportable ?
   a. sa belle-mère
   b. sa grand-mère
   c. sa marraine

8. Qui était généreux ?
   a. son mari
   b. son beau-frère
   c. son beau-père

04.06 **Structures : les adjectifs démonstratifs** *La vieille dame sort des photos de sa famille et elle vous les montre. Complétez le paragraphe avec la forme appropriée de l'adjectif démonstratif (**ce, cet, cette, ces**).*

— Regardez. (1) _____ photos sont des photos récentes. Vous voyez

(2) _____ jeune femme ? C'est la femme de mon fils aîné. (3) _____

homme-là, c'est son père et (4) _____ jeune homme est son frère.

(5) _____ maison-là est la maison des parents de ma belle-fille. Ah ! Voici une photo de

mon fils. (6) _____ chiens sont les siens, mais (7) _____ chat-là

n'est pas à lui. Voyez-vous (8) _____ deux jolies filles ? Ce sont les nièces de mon fils.

04.07 **Structures : les pronoms démonstratifs** *La vieille dame continue à vous montrer ses photos. Complétez le paragraphe avec la forme appropriée du pronom démonstratif (**celui, celle, ceux, celles**).*

—Voici de belles photos ! (1) _____-ci est une photo de toute la famille à Noël l'année

dernière et (2) _____-là est une autre photo de mes enfants et de mes petits-enfants.

Vous voyez l'homme en bleu ? C'est le fils de mon frère, (3) _____ qui est têtu. Et les

deux filles, (4) _____ qui sont à gauche, ce sont ses sœurs. Ah ! Ces deux hommes-là,

(5) _____ qui sourient, ce sont mes fils. (6) _____ qui est plus grand,

c'est le cadet. (7) _____ qui est plus petit, c'est l'aîné. La vieille femme,

(8) _____ qui est assise au centre, c'est la mère de mon mari. Vous voyez

comme elle a l'air sévère ?

04.08 **Structures : les adjectifs interrogatifs** *Vous en avez marre de regarder les photos de la famille de cette dame bavarde, mais vous voulez profiter de la situation afin d'apprendre un peu plus sur la vie à Paris. Alors, vous lui posez des questions. Formez des questions afin d'obtenir les renseignements suivants. Employez un adjectif interrogatif.*

1. _____ est votre boulangerie préférée ?

2. _____ magasin fréquentez-vous le plus souvent ?

3. _____ café aimez-vous le mieux ?

4. _____ sont vos jardins préférés ?

5. _____ pâtisseries achetez-vous pour vos petits-enfants ?

6. _____ musée est le plus intéressant, à votre avis ?

04.09 Structures : les pronoms interrogatifs *La vieille dame répond à vos questions en indiquant deux choix possibles. Vous voulez qu'elle choisisse l'un des deux. Posez encore des questions afin de connaître ses préférences. Employez un pronom interrogatif.*

MODÈLE : le restaurant Chez Plumeau ou le bistro La Grappe / plus élégant
Lequel est plus élégant ?

1. la boulangerie Antoine ou la boulangerie Miel / meilleure

_____

_____

2. le magasin Monoprix ou le magasin Champion / moins cher

_____

_____

3. le Café de la Paix ou le café des Deux Magots / plus amusant

_____

_____

4. le jardin du Luxembourg ou le Jardin des Plantes / plus joli

_____

_____

5. les mille-feuilles ou les tartelettes aux abricots / plus délicieuses

_____

_____

6. le musée de l'Orangerie ou le musée Rodin / plus intéressant

_____

_____

04.10 Structures : le plus-que-parfait *Talal Lateef se sent un peu mal à l'aise à cause du départ soudain de son ami Nicolas Gustave. Il repense aux événements de la journée et à la visite des hommes dans la voiture grise ces deux derniers jours. De plus, il se demande s'il a bien fait de raconter cette histoire à Claire et à Jean-Louis. Il a des regrets. Conjuguez les verbes dans les phrases suivantes au* **plus-que-parfait**.

1. Si seulement je (parler) _____ à Nicolas après la visite des hommes dans la voiture grise !

2. Si seulement Nicolas (s'arrêter) _____ pour bavarder avant de partir ce jour-là !

3. Si les deux hommes (ne … pas / acheter) _____ un journal, je ne les aurais pas remarqués.

4. Si ces deux jeunes gens (ne … pas / venir) _____ me poser des questions, je n'aurais pas trouvé bizarre son absence.

5. Si seulement ils (ne … pas / être) _____ si gentils ! J'aurais peut-être gardé le silence.

6. Si seulement j' (avertir) _____ Monsieur Gustave ! Mais il n'est peut-être pas trop tard. Je vais appeler le vieux Gustave.

04.11 Structures : le passé composé, l'imparfait et le plus-que-parfait *Talal rentre à la maison et raconte tout ce qui s'est passé à sa femme. Complétez l'histoire en choisissant entre le* **passé composé***, l'*imparfait *ou le* **plus-que-parfait***.*

Quelle journée ! Ce matin, je/j' (1) [suis arrivé, arrivais, étais arrivé] au kiosque à six heures, comme d'habitude. J' (2) [ai ouvert, ouvrais, avait ouvert] le kiosque et je/j'(3) [ai rangé, rangeais, avais rangé] les journaux. Il (4) [a fait, faisait, avait fait] beau et tout (5) [est allé, allait, était allé] bien. Les gens (6) [ont acheté, achetaient, avaient acheté] leurs journaux comme d'habitude. Soudain, deux jeunes gens, une jeune femme avec un accent et un homme en costume, (7) [ont commencé, commençaient, avaient commencé] à me poser des questions à propos de Nicolas Gustave. À vrai dire, je/j' (8) [ai remarqué, remarquais, avais remarqué] plus tôt dans la journée que son étalage (9) [a été, était, avait été] fermé. Quand ces deux personnes m'(10) [ont interpellé, interpellaient, avaient interpellé], je (11) [me suis souvenu, me souvenais, m'était souvenu] d'une rencontre un peu bizarre entre Nicolas et deux hommes dans une voiture grise qui a eu lieu hier. Ces deux hommes (12) [sont venus, venaient, étaient venus] au kiosque deux jours auparavant et ils (13) [ont discuté, discutaient, avaient discuté] avec Nicolas. Alors, quand ils (14) [sont revenus, revenaient, étaient revenus] hier matin, je (15) [me suis rappelé, me rappelait, m'était rappelé] que Nicolas, lors de la première conversation avec l'homme principal, (16) [a été, était, avait été] tout agité. Enfin, je/j' (17) [ai répondu, répondais, avais répondu] à toutes leurs questions et les deux jeunes gens (18) [sont partis, partaient, étaient partis]. Ensuite, j'(19) [ai eu, avais, avais eu] des regrets d'avoir tout dit à ces deux inconnus et je/j' (20) [ai téléphoné, téléphonais, avais téléphoné] au vieux Gustave. Enfin, Nicolas (21) [est déjà parti, partait déjà, était déjà parti] en vacances et le vieux Gustave (22) [a dit, disait, avait dit] cela aux deux jeunes gens. Ils lui (23) [ont rendu, rendaient, avaient rendu] visite l'après-midi. Enfin, il semble que ce sont des chercheurs qui veulent acheter un manuscrit, mais ils vont devoir attendre le retour de Nicolas. Alors, en fin de compte, tout va bien.

04.12 Vous rappelez-vous ? les verbes irréguliers au présent *Ahmed, le fils de Talal, raconte l'intrigue d'un film policier qu'il a vu récemment. Choisissez parmi les verbes suivants et conjuguez-le au* **présent***. Vous allez utiliser les verbes plus d'une fois.*

suivre, fuir, conduire, s'enfuir *(to run away, escape)*

—Le personnage principal est un jeune homme qui (1) _____ des cours à l'université. Il veut devenir ingénieur. Le week-end, il travaille à la boucherie de son père. Il (2) _____ le camion de son père et fait des livraisons à domicile dans des quartiers très chic. Un jour, il remarque qu'il y a deux hommes qui le (3) _____ partout. Ils (4) _____ une petite voiture blanche. Il le trouve bizarre, mais il ne sait pas quoi faire. Un jour, il en a marre ; il (5) _____ son camion très rapidement et il a un accident sur l'autoroute. Quand les deux hommes sortent de leur voiture blanche, il comprend que ce sont des flics *(cops)* et, sans raison, il décide de décamper. Il (6) _____ la scène de l'accident à pied. Les flics (7) _____ le jeune homme, pensant qu'il est coupable d'être vendeur de drogues aux gens riches du beau quartier, ce qu'il n'est pas. À la fin du film, le jeune homme, qui est innocent, se rend aux flics. Quand il apprend pourquoi les flics le suivaient avant l'accident, il s'échappe de la prison et il (8) _____ .

04.13 Vous rappelez-vous ? les verbes *connaître* et *savoir* *Connaissez-vous la différence entre les verbes* ***connaître*** *et* ***savoir*** *? Savez-vous employer ces deux verbes ? Talal et Ahmed parlent de leurs goûts. Choisissez entre ces deux verbes et conjuguez le verbe au* **présent.**

TALAL : Est-ce que tu (1) _____ des cinéastes algériens ? Il y en a beaucoup. Le cinéma algérien est très intéressant.

AHMED : Papa, je (2) _____ que tu aimes beaucoup ces films parce qu'ils te rappellent ta jeunesse en Algérie, mais moi, j'aime les films policiers, les comédies et les films d'aventure.

TALAL : Ah, les jeunes ! Vous ne (3) _____ pas combien nous avons sacrifié afin de vous donner la vie que vous menez aujourd'hui. Est-ce que les professeurs à l'université vous parlent de l'histoire de notre pays ? Est-ce qu'ils (4) _____ ce qui s'est passé pendant l'époque coloniale et au moment de la décolonisation ? Est-ce qu'ils

(5) _____ notre histoire et notre culture ?

AHMED : Oui, Papa. Mais, moi, je me spécialise en médecine. On n'étudie pas ces matières-là.

TALAL : Alors, c'est à toi de t'instruire de la culture maghrébine, celle de tes ancêtres. Il faut que tu regardes des films algériens et que tu lises des auteurs maghrébins. Est-ce que tu

(6) _____ l'œuvre d'Assia Djebar ? de Kateb Yacine ? ou d'Albert Memmi ?

Est-ce que tu (7) _____ qu'Assia Djebar a fait des films, elle aussi ? Est-ce

que tu (8) _____ les villes d'Alger, de Rabat ou de Tunis ? Est-ce que tu

(9) _____ qu'on peut apprendre beaucoup sur les cultures arabes à l'Institut du Monde Arabe ici à Paris ?

AHMED : Papa, s'il te plaît ! Je vois ce que tu veux dire, mais je suis fatigué. Pouvons-nous en parler un autre jour ? Je promets de tout apprendre sur notre culture un jour.

04.14 Recyclons ! le pronom possessif *Karine et Ahmed essaient d'étudier dans le salon de leur appartement. Ils se disputent un peu à propos de leurs affaires. Jouez le rôle de Karine et posez des questions à propos des affaires dans le salon suivant les indications données. Dans chaque question, employez un pronom interrogatif, un pronom possessif et des pronoms démonstratifs !*

MODÈLE : cahier / à toi ?

Lequel est le tien, celui-ci ou celui-là ?

1. stylos / à moi ? _____

2. bouquin / à Papa ? _____

3. chaussures / à Maman ? _____

4. journal / à nous ? _____

5. CDs / à toi et tes amis ? _____

6. magazine / à Maman et Papa ? _____

04.15 Culture : quiz culturel *Que savez-vous déjà ? Répondez aux questions suivantes en sélectionnant la meilleure réponse.*

1. Quelle ville ne se trouve pas au Maghreb ?
   a. Marseille
   b. Casablanca
   c. Tunis
   d. Alger

2. Laquelle n'est pas une caractéristique de tous les pays du Maghreb ?
   a. Ils se trouvent au Moyen-Orient.
   b. Ils sont devenus indépendants dans les années 60.
   c. Ils ont tous été sous le contrôle de la France.
   d. Ils ont tous été influencés par la culture arabe.

3. Traditionnellement, la plupart des Français s'identifient avec la religion…
   a. islamique
   b. juive
   c. protestante
   d. catholique

4. La plus grande population d'immigrés en France aujourd'hui est la population…
   a. vietnamienne
   b. irlandaise
   c. maghrébine
   d. haïtienne

5. La guerre d'indépendance algérienne a commencé…
   a. avant la Révolution haïtienne
   b. avant la bataille de Dien Bien Phu
   c. avant mai 1968
   d. avant la Seconde Guerre mondiale

6. Les « harkis » et les « pieds noirs » étaient…
   a. des partisans du FLN
   b. des partisans de la France
   c. des peuples indigènes du Maghreb
   d. des peuples islamiques

7. Quel monument ou quartier se trouve sur la rive droite ?
   a. Montmartre
   b. le Quartier latin
   c. la tour Eiffel
   d. la cathédrale de Notre-Dame

8. Qu'est-ce que Claire et Jean-Louis se rencontrent quand ils vont au Palais-Royal ?
   a. dans un château privé
   b. dans un jardin
   c. dans théâtre
   d. dans un restaurant parisien

9. Le Minitel est…
   a. un guichet à la poste
   b. un magasin de jouets (*toys*)
   c. une technologie similaire à l'Internet
   d. aucune de ces réponses

10. Avant de mourir, Édith Piaf…
    a. avait été reine de Monaco
    b. avait chanté à Paris
    c. avait dansé au Moulin-Rouge
    d. avait été l'arrière-grand-mère de Lionel Gustave

11. La tante de votre neveu ne peut pas être…
    a. la sœur de votre père
    b. votre sœur
    c. la femme de votre frère
    d. vous-même (si vous êtes une femme)

12. Votre belle-mère est…
    a. la deuxième femme de votre père
    b. la deuxième femme du père de votre époux/se
    c. la mère de votre époux/se
    d. toutes ces réponses sont possibles

13. Quelqu'un qui est têtu n'aime pas…
    a. les jeux stupides
    b. les animaux familiers
    c. changer son opinion
    d. acheter des vêtements

14. Quelqu'un qui est naïf est…
    a. prudent
    b. sophistiqué
    c. crédule
    d. timide

15. Dans un kiosque, on ne peut pas acheter normalement…
    a. des magazines
    b. des livres anciens
    c. des journaux
    d. des plans

04.16 Culture : comparaisons *Relisez le « Récit » de l'Épisode 1 du texte, dans lequel il y a une description de la famille nucléaire de Talal Lateef. Indiquez le caractère de chaque individu, ses études ou sa profession, si vous les connaissez. Ensuite, écrivez quelques phrases pour comparer votre famille à la famille Lateef. Y a-t-il des similarités et des différences ?*

_____

_____

_____

_____

_____

_____

_____

_____

_____

_____

_____

_____

_____

_____

_____

_____

_____

_____

_____

_____

_____

04.17 Littérature : suite *Femmes d'Alger dans leur appartement* d'Assia Djebar *Imaginez une conversation entre vous et les filles du hazab. Avez-vous des questions à leur poser à propos de leur famille ? Voulez-vous les encourager à raconter une anecdote ? Allez-y ! Écrivez un petit dialogue entre vous et les personnages du texte.*

_____

_____

_____

_____

_____

_____

_____

_____

_____

_____

_____

_____

_____

_____

_____

_____

_____

_____

_____

_____

_____

_____

■ *Activités audiovisuelles*

04.18 Avant de regarder : que savez-vous déjà ? *Que savez-vous déjà de l'Algérie ? Avant de regarder la vidéo, répondez aux questions suivantes.*

1. L'Algérie se trouve en Europe du Nord.	vrai	faux
2. La capitale de l'Algérie est Alger.	vrai	faux
3. La langue officielle du pays est le français.	vrai	faux
4. La Révolution algérienne s'est terminée en 1980.	vrai	faux
5. Les Algériens ont fait la révolution contre les Français.	vrai	faux
6. L'islam est la religion officielle de l'Algérie.	vrai	faux

04.19 Avant de regarder : vocabulaire *Connaissez-vous les mots suivants ? Lisez les paragraphes suivants et essayez de comprendre le sens des mots en caractères gras (que vous allez entendre dans l'interview). Ensuite, terminez les phrases logiquement.*

1. Quand on travaille dans le secteur public, on travaille pour l'**Administration** ; c'est le gouvernement. Quand on travaille dans le secteur privée, on travaille pour une organisation ou une compagnie dirigée par des citoyens privés. Moi, j'aimerais travailler dans le secteur _____ comme _____.

2. Les ingénieurs étudient les maths, la physique, et ils se spécialisent en un type de **génie**. On peut étudier le **génie** mécanique et développer des machines. Ou on peut étudier le **génie** électrique et développer des systèmes électriques. Les ingénieurs qui développent les avions et les vaisseaux qui voyagent dans l'espace sont des ingénieurs en **génie** aérospatial. On peut étudier le **génie civil** et développe des autoroutes pour une ville ou une région. Les ingénieurs en génie civil peuvent aussi développer _____.

3. Pour accomplir quelque chose, il faut d'abord commencer et ensuite **faire les démarches** pour avancer. Par exemple, pour préparer un bon dîner, il faut **faire les démarches** : acheter les provisions, nettoyer les légumes, faire cuire les ingrédients, etc. En ce moment, votre but est d'apprendre le français. Alors, vous **faites les démarches** en _____ et en _____.

4. Quand un vieux membre de la famille meurt, il laisse un **héritage** aux jeunes générations, les héritiers. Cet **héritage** peut être un bien, comme une belle table en bois ou un chandelier en cristal ou de l'argent. Mais cet **héritage** peut aussi être moins tangible, comme une philosophie, un souvenir, une façon de vivre ou une tradition. Mon héritage le plus précieux que je reçois de ma famille, c'est _____.

04.20 Vidéo : profil personnel *Regardez l'interview du Chapitre 4 de votre vidéo « Points de vue » et puis indiquez si les détails suivants sur l'intervenant que vous y rencontrez sont vraies ou fausses.*

1. Smaïn est né au Maroc.	vrai	faux
2. Aujourd'hui Smaïn habite aux États-Unis.	vrai	faux
3. Il a trois fils.	vrai	faux
4. Smaïn est catholique.	vrai	faux
5. Il a étudié le génie civil et le management.	vrai	faux
6. Smaïn a travaillé comme ingénieur pour le gouvernement algérien.	vrai	faux

04.21 Vidéo : compréhension *Après avoir regardé le Chapitre 4 de la vidéo, répondez aux questions suivantes en indiquant tout ce qui est vrai.*

1. Les langues parlées en Algérie, d'après Smaïn, sont…

_____ l'anglais   _____ l'arabe

_____ le français   _____ le tamazirt (langue de la région berbère de Kabylie)

_____ l'espagnol

2. D'après Smaïn, le français est une langue utilisée pour…

_____ les affaires   _____ le gouvernement

_____ l'éducation   _____ la religion

_____ la vie familiale

3. En parlant des études, Smaïn mentionne…

_____ l'école primaire   _____ le lycée

_____ l'université   _____ les études supérieures

_____ le doctorat

4. Smaïn dit qu'il est venu aux États-Unis pour…

_____ se refaire

_____ trouver des opportunités de travail

_____ être avec sa famille

_____ découvrir une nouvelle culture

_____ approfondir ses connaissances en management

5. En parlant des professions de ses frères, Smaïn mentionne les professions de…

_____ plombier   _____ agriculteur

_____ artiste   _____ professeur

_____ administrateur   _____ pompier

6. Smaïn parle de son père, qui a participé à quelles guerres ?

_____ la Première Guerre mondiale   _____ la Seconde Guerre mondiale

_____ la guerre d'Indochine   _____ la Révolution haïtienne

_____ la Révolution algérienne

7. Pour Smaïn, être algérien, c'est…

_____ être africain   _____ être arabe

_____ être musulman   _____ être francophone

_____ être héritier des valeurs morales et spirituelles des révolutionnaires algériens

8. En parlant de ce qui lui manque de l'Algérie, Smaïn mentionne…

_____ ses enfants   _____ sa femme

_____ ses parents   _____ ses amis

_____ la cuisine   _____ les traditions

_____ ses frères et sœurs

9. Dans les trois clips sur « La famille », on mentionne quels membres de la famille ?

_____ une femme   _____ un mari

_____ des parents   _____ des cousins

_____ des tantes et des oncles _____ des grands-parents

04.22 Vidéo : structures (le passé) _Voici un résumé de l'interview du Chapitre 4. Après avoir regardé la vidéo, mettez les verbes entre parenthèses au_ **passé composé**, _à l'_**imparfait** _ou au_ **plus-que-parfait**.

Smaïn (étudier) (1) _____ le « corporate management » en France, à Lyon. C'(être)

(2) _____ le début de sa carrière en business. Ensuite, il (retourner)

(3) _____ en Algérie où il (travailler) (4) _____ pendant de longues

années dans l'administration. Avant de trouver cet emploi dans l'administration, il (travailler)

(5) _____ comme ingénieur en génie civile et construction. Enfin, il (rester)

(6) _____ en Algérie jusqu'au moment où il (avoir) (7) _____ la

chance d'immigrer aux États-Unis : apparemment, il (gagner) (8) _____ à la loterie

d'immigration ! Alors, il (quitter) (9) _____ sa femme et ses enfants, et il (venir)

(10) _____ à Boston en 2004 pour chercher du travail. Il (se marier)

(11) _____ quinze ans avant de quitter son pays. Smaïn et sa femme (donner)

(12) _____ naissance à trois garçons. Pourtant, Smaïn (ne ... pas/vouloir)

(13) _____ emmener toute la famille à Boston avant de trouver du travail. Il (devoir)

(14) _____ penser à ses enfants, qui (être) (15) _____ toujours à

l'école en Algérie et qui ne / n' (savoir) (16) _____ pas parler anglais. Au moment de

l'interview, il ne / n' (regretter) (17) _____ pas sa décision, mais sa famille lui

(manquer) (18) _____.

04.23 Vidéo : structures (l'interrogatif) *Après avoir regardé la vidéo, imaginez les questions qui ont produit les réponses suivantes. Utilisez un* **adjectif** *ou un* **pronom interrogatif**.

1. _____ de vos enfants est l'enfant aîné ?

   —Sadine, il a 14 ans. Ahmed, il a 12 ans, et Sam, il a 10 ans.

2. _____ sont les langues officielles en Algérie ?

   —Il y a la langue arabe, qui est la langue officielle de tous les Algériens. Il y a aussi le tamazirt, c'est la langue kabyle qui vient d'être officialisée en tant que langue officielle.

3. _____ religions sont pratiquées en Algérie ?

   —Il y a la religion islamique, qui est la religion officielle de l'État algérien et qui est la religion, je pense, de l'ensemble des Algériens.

4. De tous vos frères, _____ sont mariés ?

   —Il sont tous mariés et ont des enfants.

5. _____ est professeur ?

   —Il y a mon frère Youssef… Il est, lui, professeur d'arabe au collège.

6. Dans _____ guerres est-ce que votre père a participé ?

   —Il a participé à la guerre contre le nazisme en France lors de l'Occupation. Et il a aussi participé à la guerre de libération nationale.

7. De tous les films algériens, _____ raconte le mieux l'histoire algérienne ?

   —Oh, *La Bataille d'Alger*… Je considère que c'est non seulement un film, c'est beaucoup plus un héritage pour la nation algérienne.

8. En ce qui concerne la cuisine algérienne, _____ plat vous manque le plus ?

   —Le couscous ! Et tous les plats que nous trouvons là-bas et que nous ne trouvons pas ici.

04.24 Vidéo : vocabulaire *Répondez aux questions suivantes d'après ce que vous avez entendu et ce que vous avez vu dans la vidéo.*

1. Pensez à la famille de Smaïn. Combien d'enfants a-t-il ?

   _____

2. Combien de tantes et combien d'oncles les enfants de Smaïn ont-ils ? À peu près combien de cousins ont-ils ?

   _____

3. Comment sont les parents de Smaïn ? Depuis combien de temps sont-ils mariés ?

   _____

4. Décrivez la famille nucléaire de l'homme martiniquais dans le premier clip sur « La famille ».

   _____

5. Décrivez la famille nucléaire de Richard, le jeune homme asiatique dans le deuxième clip.

   _____

6. La femme française dans le troisième clip parle de plusieurs séjours en Provence, chez les parents de qui ?

   _____

04.25 Vidéo : culture *Réfléchissez à l'interview avec Smaïn et aux images de l'Algérie que vous avez vues dans cette vidéo. Ensuite, répondez aux questions personnelles.*

1. Quel est le rapport entre Smaïn et sa famille en Algérie ? Semble-t-il que la famille soit une chose importante dans la culture algérienne ? Quelles sont les différences et les similarités entre la famille de Smaïn et la vôtre ?

   _____

   _____

   _____

   _____

2. Quand Smaïn parle de son pays, il a l'air d'être très fier de sa culture et il a l'air assez nostalgique. De quels aspects de sa vie en Algérie parle-t-il avec fierté et nostalgie ? Est-ce que ce sont les mêmes choses auxquelles vous penseriez si vous travailliez à l'étranger ? Expliquez.

   _____

   _____

   _____

   _____

3. Tout comme Guimy, l'Haïtien du Chapitre 2, Smaïn parle beaucoup de la Révolution. Qu'est-ce qu'il dit de la Révolution algérienne ? Est-ce que sa mentalité envers la guerre est typique, à votre avis, des descendants de révolutionnaires ? Quelle est votre mentalité par rapport à la Révolution américaine ?

   _____

   _____

   _____

   _____

5

Les conseils d'un Français

Pour réviser

■ *Activités orales*

■ *Activités écrites*

■ *Activités audiovisuelles*

Pour réviser

05.01 Comment dire : parler des actualités *Vous êtes à Paris et vous écoutez les infos à la radio. Écoutez les descriptions des actualités du jour. Ensuite, indiquez sous quelle rubrique on doit classer chaque événement.*

1. **a.** la politique
   b. le crime
   c. les affaires
   d. la météo
   e. les sports
   f. la culture

2. **a.** la politique
   b. le crime
   c. les affaires
   d. la météo
   e. les sports
   f. la culture

3. **a.** la politique
   b. le crime
   c. les affaires
   d. la météo
   e. les sports
   f. la culture

4. **a.** la politique
   b. le crime
   c. les affaires
   d. la météo
   e. les sports
   f. la culture

5. **a.** la politique
   b. le crime
   c. lcs affaires
   d. la météo
   e. les sports
   f. la culture

6. **a.** la politique
   b. le crime
   c. les affaires
   d. la météo
   e. les sports
   f. la culture

05.02 Comment dire : montrer l'intérêt ou l'indifférence *Par hasard, vous rencontrez Claire Plouffe dans un café à Paris. Elle vous reconnaît de la Nouvelle-Orléans et commence une conversation avec vous au sujet des actualités. Écoutez ce qu'elle vous dit et choisissez la réponse (a) ou la réponse (b) selon les indications.*

1. Montrez votre intérêt !
   a. Ça alors ! C'est incroyable !
   b. Ça arrive, ces choses-là.

2. Montrez votre indifférence.
   a. Tant pis…
   b. Dis donc !

3. Montrez votre indifférence.
   a. Ce n'est pas mon truc.
   b. C'est bien intéressant !

4. Montrez votre intérêt !
   a. Comme c'est curieux !
   b. Que voulez-vous ?

5. Montrez votre indifférence.
   a. Cela ne m'intéresse pas.
   b. Racontez-moi tout !

6. Montrez votre indifférence.
   a. Tiens, tiens !
   b. Je n'y suis pour rien.

05.03 Comment dire : décrire le temps (dictée) *Claire a un journal et elle vous lit la météo pour la région parisienne. Vous allez entendre le paragraphe trois fois. La première fois, écoutez attentivement. La deuxième fois, le paragraphe sera lu plus lentement. En écoutant, écrivez chaque phrase exactement comme vous l'entendez. La troisième fois, écoutez encore en relisant ce que vous avez écrit pour vérifier votre transcription.*

_____

_____

_____

_____

_____

_____

_____

_____

_____

_____

_____

_____

_____

_____

_____

_____

_____

_____

_____

_____

_____

05.04 Comment dire : apprendre une nouvelle à quelqu'un *Toujours au café, vous écoutez lorsque les autres clients se parlent. Il y en a qui apprennent des nouvelles à leurs amis. Écoutez et indiquez si la personne qui parle va apprendre une bonne nouvelle ou une mauvaise nouvelle à son interlocuteur.*

1. _____ une bonne nouvelle   _____ une mauvaise nouvelle
2. _____ une bonne nouvelle   _____ une mauvaise nouvelle
3. _____ une bonne nouvelle   _____ une mauvaise nouvelle
4. _____ une bonne nouvelle   _____ une mauvaise nouvelle
5. _____ une bonne nouvelle   _____ une mauvaise nouvelle
6. _____ une bonne nouvelle   _____ une mauvaise nouvelle

05.05 Comment dire : exprimer son opinion et donner des conseils *Le propriétaire du café commence à parler au serveur. Vous écoutez lorsqu'il exprime son opinion et donne des conseils au serveur. Écoutez et indiquez si la personne qui parle exprime une opinion ou donne un conseil à son interlocuteur.*

1. _____ une opinion   _____ un conseil
2. _____ une opinion   _____ un conseil
3. _____ une opinion   _____ un conseil
4. _____ une opinion   _____ un conseil
5. _____ une opinion   _____ un conseil
6. _____ une opinion   _____ un conseil

05.06 Comment dire : les actualités et la météo *Des amis parisiens vous téléphonent. Ils vont venir faire un séjour dans votre région et veulent savoir ce qui se passe en ce moment. Faites un résumé très bref des actualités de la semaine (universitaires, locales, régionales ou nationales) et parlez du temps qu'il fait en ce moment.*

■ *Activités écrites*

05.07 Vocabulaire : les actualités et le temps *Voici quelques expressions que vous trouvez dans le journal que vous êtes en train de lire dans un café à Paris. Quels autres mots de vocabulaire associez-vous à ces expressions ? Faites correspondre ces mots avec des mots qu'on associe à ces choses.*

_____ 1. un ouragan	**a.** le vent, la neige, un anorak
_____ 2. un procès	**b.** des peintures, des sculptures, un musée
_____ 3. une manifestation	**c.** le vent, la pluie, les nuages
_____ 4. le chômage	**d.** des affiches, une grève, le gouvernement
_____ 5. une exposition d'art	**e.** un avocat, un juge, une loi
_____ 6. une vague de froid	**f.** les emplois, le gouvernement, l'économie

05.08 Structures : les adverbes *Au café, les clients parlent des actualités. Voici quelques-unes de leurs observations. Ajoutez à chaque phrase un **adverbe** dérivé de l'adjectif entre parenthèses.*

1. (bon) Les Brésiliens jouent _____ cette année.
2. (rapide) La bourse rebondit _____ .
3. (fréquent) Les chefs d'état se réunissent _____ en Europe.
4. (actif) Le président de la République participe _____ aux affaires européennes.
5. (exceptionnel + bon) Cet acteur joue _____ dans le rôle d'Harpagon de *L'Avare*.
6. (bref) On a parlé _____ de son talent dans ce journal.
7. (violent) Un ouragan a frappé la Martinique _____ .
8. (sérieux) Personne n'a été blessé _____ .
9. (évident) Les cambrioleurs du magasin étaient _____ très soûls (*drunk*).
10. (discret) On a interpellé _____ plusieurs témoins.

05.09 Structures : les prépositions suivies de noms géographiques *En vous promenant, vous passez par une agence de tourisme qui semble avoir des offres intéressantes. Vous regardez les brochures pour les pays francophones. Ajoutez des prépositions pour terminer les phrases.*

MODÈLE : Un vol _____ Paris _____ France qui va _____ Dakar _____ Sénégal coûte 290 euros !

   Un vol <u>de</u> Paris <u>en</u> France qui va <u>à</u> Dakar <u>au</u> Sénégal coûte 290 euros !

1. Un forfait (vol + hôtel) _____ Paris pour aller _____ Phnom Penh _____ Cambodge _____ Asie du Sud-Est coûte 798 euros.

2. Un vol _____ Zurich _____ Suisse qui va _____ Toronto _____ Ontario _____ Canada coûte 435 euros.

3. Une croisière qui part _____ Bordeaux _____ France et qui va _____ Pointe-à-Pitre _____ Guadeloupe _____ Antilles coûte 990 euros.

4. Un billet de train pour voyager _____ Bruxelles _____ Belgique jusqu' _____ Marseille _____ Provence _____ France coûte185 euros.

5. Un vol _____ Luxembourg _____ Luxembourg qui va _____ Tunis _____ Tunisie _____ Afrique coûte 320 euros.

05.10 Structures : le subjonctif et le subjonctif passé *À l'agence de tourisme, un agent donne des conseils à un jeune couple qui veut aller en Polynésie pour leur lune de miel (honeymoon) au mois de novembre. Conjuguez les verbes au* **subjonctif** *ou au* **subjonctif passé**.

L'AGENT : J'ai plusieurs forfaits en Polynésie, avec vol aller-retour et chambre d'hôtel pour une semaine, comme celui-ci au Club Bougainville à Tahiti. Je veux que mes clients (savoir) (1) _____ combien il est favorable de trouver une bonne station balnéaire où tout est compris : la chambre, les repas, l'accès aux plages, les sports nautiques et tout. Je doute que vous (vouloir) (2) _____ rester en ville où il y a beaucoup de circulation et beaucoup de bruit. Il vaut mieux qu'un jeune couple amoureux (être) (3) _____ protégé du stress. Je suis heureux que vous (ne … pas / voyager) (4) _____ à Tahiti avant de vous rencontrer et que ce (être) (5) _____ votre premier voyage. Le premier voyage, c'est toujours le meilleur ! Il est important que vous (réfléchir) (6) _____ à l'idée de voyager en première classe. Ça coûte un peu plus, mais c'est pour votre lune de miel ! Alors, il faut absolument que vous (faire) (7) _____ vos réservations aujourd'hui. Bien qu'on (venir) (8) _____ d'annoncer ce forfait, je ne suis pas sûr qu'il y (avoir) (9) _____ encore des places après ce soir. Voulez-vous que je vous (donner) (10) _____ le prix pour deux personnes, en première classe ?

05.11 Structures : le subjonctif et l'indicatif *Les jeunes fiancés demandent à l'agent de leur donner quelques minutes afin de lire la brochure et de penser au type de voyage qu'ils veulent. Voici leur conversation. Conjuguez les verbes au* **subjonctif** *ou à l'*indicatif.

SOPHIE : Je ne sais pas, Sammy. Je pense que ce voyage (aller) (1) _____ nous coûter trop cher.

SAMUEL : Je suis surpris que tu (hésiter) (2) _____. C'est notre lune de miel !

SOPHIE : Oui, mais il est nécessaire que nous (payer) (3) _____ ce voyage nous-mêmes et nous n'avons pas beaucoup d'argent à gaspiller.

SAMUEL : Alors, tu as peur que nous (ne … pas / avoir) (4) _____ assez d'argent pour aller à l'autre bout du monde. Mais que veux-tu que je te (dire) (5) _____ ? Nous devrons payer les repas et l'hôtel où que nous (6) (aller) _____. Pourquoi ne pas aller à Tahiti ?

SOPHIE : Je vois ce que tu (vouloir) (7) _____ dire, mais alors, est-ce qu'il nous faut une station balnéaire luxueuse ? J'aimerais mieux qu'on nous (trouver) (8) _____ une petite case (*cabin*) bon marché, que nous (préparer) (9) _____ nos propres repas et que nous (habiter) (10) _____ comme les Tahitiens. Je ne veux pas être entourée de touristes. Je veux connaître la culture et rencontrer les gens locaux.

SAMUEL : C'est bien dit. Mais je veux que nous (se reposer) (11) _____ pendant notre lune de miel. Je veux que quelqu'un nous (servir) (12) _____ les repas et que quelqu'un (nettoyer) (13) _____ notre chambre ! Bon, réfléchissons encore un peu et demandons les conseils de nos amis.

05.12 Structures : le subjonctif et l'indicatif *Ces jeunes gens ont besoin de conseils. Aidez-les à prendre une décision ! Exprimez vos opinions sur leur choix de voyage, leur agent de tourisme, les voyages en général et/ou la lune de miel. Terminez les phrases en employant le* **subjonctif** *ou l'*indicatif.

1. Il faut que… _____

2. Il est clair que… _____

3. Je suggère que… _____

4. Il est regrettable que… _____

5. Faites ce que vous voulez, pourvu que… _____

6. Je ne pense pas que… _____

7. Prenez votre temps, parce que… _____

8. Il est absolument essentiel que… _____

05.13 Vous rappelez-vous ? les verbes irréguliers au présent *Vous regardez Sophie et Samuel continuer leur conversation avec l'agent de tourisme. Voici une description de ce qui se passe. Choisissez parmi les verbes suivants et conjuguez les verbes au* **présent**. *Vous allez utiliser quelques verbes plus d'une fois.*

lire, dire, écrire, rire, décrire, sourire

Sophie et Samuel (1) _____ à nouveau les brochures du Club Bougainville afin de savoir ce qui est compris dans le prix du voyage. L'agent de tourisme (2) _____ la beauté des plages. Samuel est content et il (3) _____. C'est un sourire très grand. L'agent calcule le prix et il (4) _____ ce prix sur une feuille de papier qu'il donne à Samuel. Quand Samuel la regarde et il (5) _____ ce que l'agent a écrit, il est sous le choc. Sophie trouve cela amusant et elle (6) _____. L'agent de tourisme (7) _____ aussi, mais c'est un rire nerveux. Sophie (8) _____ qu'elle préférerait une petite case sans prétention au lieu d'un grand hôtel de luxe. Elle (9) _____ le type de voyage qui l'intéresse. L'agent leur montre d'autres brochures. Sophie et Samuel décide d'attendre. Ils (10) _____ « au revoir » à l'agent et ils s'en vont.

05.14 Recyclons ! les verbes au présent *La vie d'un agent de tourisme n'est pas toujours facile. Voici la routine quotidienne de l'agent qui vient de parler avec Sophie et Samuel. Mettez les verbes (réguliers et irréguliers) au* **présent**.

L'AGENT : Un agent de tourisme (se lever) (1) _____ tôt le matin. Moi, je (se réveiller) (2) _____ vers 8h. Je (se doucher) (3) _____ et je (mettre) (4) _____ un costume. Ma femme et moi, nous (sortir) (5) _____ de la maison et nous (aller) (6) _____ au café du coin. Les propriétaires du café, Monsieur et Madame Plumeau, (vendre) (7) _____ les meilleurs croissants. Là, je (prendre) (8) _____ un café et j'(avaler) (9) _____ un croissant, et ma femme (bavarder) (10) _____ avec les Plumeau. Les portes de l'agence de tourisme (s'ouvrir) (11) _____ à 9h du matin, donc après le petit déjeuner, je (dire) (12) _____ « au revoir » à ma femme et je (se dépêcher) (13) _____ afin d'y arriver à l'heure. Pendant la journée, les agents (parler) (14) _____ aux clients et (chercher) (15) _____ les meilleurs prix de vols et d'hôtels pour leur clients. Contrairement au stéréotype, nous (ne … pas / arrêter) (16) _____ pour deux heures à midi. Moi, je (déjeuner) (17) _____ souvent au bureau, devant mon ordinateur ! Je (finir) (18) _____ mon travail vers 5h du soir, et je (rentrer) (19) _____ chez moi pour dîner avec ma femme. Le lendemain, nous (recommencer) (20) _____ notre journée de la même façon.

05.15 Recyclons ! le passé composé, l'imparfait et le plus-que-parfait *Sophie et Samuel sont contents que vous leur ayez donné des conseils. Sophie vous raconte comment elle a rencontré Samuel. Mettez les verbes entre parenthèses au* **passé composé**, *à l'***imparfait** *ou au* **plus-que-parfait**.

SOPHIE : Samuel et moi, nous (se rencontrer) (1) _____ il y a trois ans. J' (décider)
(2) _____ de partir en vacances à Venise. Ce / C' (être)
(3) _____ le mois de février et les Vénitiens (fêter) (4) _____
le Carnaval. Il (faire) (5) _____ frais, il y (avoir) (6) _____
une atmosphère de fête, et tout le monde (se promener) (7) _____ dans les
rues pleines de gens masqués et déguisés. À cette époque, Samuel (faire) (8)
_____ son service militaire dans la marine et on le / l' (mettre) (9)
_____ sur un navire (*ship*) dans la mer Adriatique. Tous ces soldats français
(débarquer) (10) _____ (*to disembark*) à Venise le jour avant mon arrivée.
Mon première *soir* à Venise, je (aller) (11) _____ dans un café Place
San Marco. Samuel et ses amis (passer) (12) _____ par le café. Il (voir)
(13) _____ que je (boire) (14) _____ un verre de vin toute
seule et il (croire) (15) _____ que j'étais italienne. Alors, il (s'asseoir)
(16) _____ à ma table et il (commencer) (17) _____ à me
parler en italien, mais en mauvais italien ! Ce / C' (être) (18) _____ adorable.
Je lui (sourire) (19) _____ et je (se présenter) (20) _____
en français. Et voilà ! Un vrai coup de foudre ! Nous sommes ensemble depuis ce jour-là.

05.16 Recyclons ! les adjectifs descriptifs *Sophie et Samuel regardent les brochures qu'ils ont amassées à l'agence de tourisme et font des commentaires sur les photos qu'ils y trouvent. Récrivez les phrases en ajoutant les adjectifs entre parenthèses et en faisant tous les changements nécessaires. Attention à la forme et au placement de l'adjectif (avant ou après le nom).*

1. J'adore cet hôtel (vieux, historique) !

_____

2. Quelles plages (propre, beau) !

_____

3. Tu vois ces restaurants (joli, tahitien, petit) ?

_____

4. Regarde les filles (heureux, jeune) dans cette photo (beau).

_____

05.17 Culture : quiz culturel *Que savez-vous déjà ? Répondez aux questions suivantes en choisissant la meilleure réponse.*

1. Lequel des endroits suivants ne fait pas partie de la France d'outre-mer ?
   a. Tahiti
   b. la Guyane
   c. la Guadeloupe
   d. Madagascar

2. Quand il fait maussade, …
   a. il fait beau temps
   b. il fait mauvais temps
   c. il neige
   d. il grêle

3. Quand on est au chômage, on est…
   a. sans enfants
   b. sans travail
   c. sans amis
   d. sans passeport

4. Dans un café parisien, on ne peut pas trouver…
   a. de boissons chaudes
   b. de cendriers
   c. de boissons alcoolisées
   d. de cocotiers

5. Quand il fait 10 degrés celsius, il fait approximativement…
   a. 40 degrés fahrenheit
   b. 50 degrés fahrenheit
   c. 60 degrés fahrenheit
   d. 70 degrés fahrenheit

6. Choisissez un symbole de l'automne en France :
   a. les bougainvillées
   b. le brouillard
   c. la tramontane
   d. la foudre

7. Quel pays ne faisait pas partie de l'originale « Europe des douze » ?
   a. l'Italie
   b. la Norvège
   c. l'Irlande
   d. la Suisse

8. On ne trouve pas d'organismes gouvernementaux de l'UE à…
   a. La Haye
   b. Strasbourg
   c. Bruxelles
   d. Luxembourg

9. La Communauté économique européenne a été initié en…
   a. 1919
   b. 1945
   c. 1957
   d. 1962

10. Lequel des titres suivants vous apprend une bonne nouvelle ?
    a. « Exposition à Dakar »
    b. « Attentat à Biarritz »
    c. « Grève en Provence »
    d. « Ouragan à la Réunion »

11. Pour montrer votre indifférence, vous pouvez dire…
    a. Tu parles !
    b. Ça alors !
    c. Ah, bon.
    d. Dis donc !

12. La capitale de la Polynésie française est…
    a. Tahiti
    b. Papeete
    c. Bora-Bora
    d. Bougainville

13. Le nom du dernier roi tahitien était…
    a. Pomaré IV
    b. Pomaré V
    c. Louis XIV
    d. Napoléon

14. Lequel de ces hommes célèbres n'a jamais visité la Polynésie ?
    a. Gauguin
    b. Loti
    c. Diderot
    d. Bougainville

15. Le palais de Versailles a été agrandi au 17ème siècle pour…
    a. Louis XIV
    b. Louis XVI
    c. Le Nôtre
    d. Marie-Antoinette

05.18 Culture : comparaisons *Pensez au temps et à son influence sur la culture. Quel temps fait-il à Paris du mois de septembre au mois de décembre ? Quelles sont les caractéristiques de cette saison ? Et à Tahiti, quel temps fait-il pendant cette période ? Et chez vous ? Quel temps fait-il du mois de septembre au mois de décembre ? Pensez à vos réponses à ces questions et puis écrivez quelques phrases pour analyser les différences ou les similarités entre les climats de Paris, de Tahiti et de chez vous, et parlez de l'influence du climat sur la culture.*

05.19 Littérature : suite *La Bonne chanson* **de Paul Verlaine** *Dans ce poème, Verlaine parle de Paris, du temps qu'il fait, et de ses émotions. Quelle est votre saison préférée? Écrivez un petit poème sur votre saison préférée. Essayez de créer des rimes, si possible.*

_____

_____

_____

_____

_____

_____

_____

_____

_____

_____

_____

_____

_____

_____

_____

_____

_____

_____

_____

_____

_____

■ *Activités audiovisuelles*

05.20 Avant de regarder : que savez-vous déjà ? *Que savez-vous déjà de Paris et de la France ? Avant de regarder la vidéo, testez vos connaissances en choisissant la bonne réponse pour terminer les phrases.*

1. L'Union européenne se compose de [12, 19, plus de 25] pays qui font des accords économiques, politiques, sociaux et écologiques.

2. La France d'outre-mer comprend beaucoup d'îles comme la Martinique, la Guadeloupe, les îles de la Polynésie française et [la Nouvelle-Calédonie, Haïti, la Guyane].

3. La France a un climat [désertique, tempéré, tropical] : en général, il fait un peu chaud en été mais pas trop froid en hiver.

4. En France, il y a [2, 5, plus de 5] partis politiques, mais on se divise en général entre la droite et la gauche.

5. En France, chaque journal s'aligne avec [une classe sociale, un parti politique, un mouvement artistique].

6. À Paris, il y a beaucoup de musées où on peut découvrir une collection permanente ou bien assister à [un procès, un attentat, une exposition].

05.21 Avant de regarder : vocabulaire *Connaissez-vous les mots suivants ? Lisez les paragraphes suivants et essayez de comprendre le sens des mots en caractères gras (que vous allez entendre dans l'interview). Ensuite, répondez aux questions en choisissant la réponse la plus logique.*

1. Jean-Louis a travaillé comme barman, mais **ça n'a rien à voir** avec sa profession d'antiquaire. Le père de Sandrine Fontenot est mort d'une crise cardiaque et la famille croyait que c'était à cause du manuscrit maudit. Mais Claire pense que la crise cardiaque était due à des problèmes de santé et que **ça n'a rien à voir** avec le manuscrit. Et finalement, le voyage de Nicolas Gustave **n'a rien à voir** avec le manuscrit non plus. Claire veut le manuscrit, mais **ça n'a rien à voir** avec quoi ?
   a. sa valeur monétaire
   b. sa thèse de doctorat
   c. sa carrière comme professeur de littérature

2. Jean-Louis voulait être homme d'affaires, mais il est devenu barman **en dépit**. Il n'est pas fort en maths, mais il réussit dans le marché d'antiquités **en dépit** de ses difficultés. Claire n'aime pas prendre l'avion, mais elle voyage autour du monde **en dépit** de cette peur. Elle veut écrire sa thèse sur le manuscrit perdu de Laclos, mais elle peut écrire sur *Les Liaisons dangereuses* **en dépit**. Beaucoup de gens pensent que le français est une langue difficile à prononcer, mais **en dépit** de ça, vous faites quoi ?
   a. vous étudiez l'espagnol
   b. vous évitez de parler français
   c. vous faites un effort de bien prononcer les mots en français

3. Dans un climat où on a des **écarts de température** extrêmes, le climat est souvent soit très sec, soit très humide. Dans un climat où il ne fait ni très chaud, ni très froid, les températures sont modérées. C'est un climat **tempéré**. Où peut-on trouver un climat **tempéré** ?
   a. dans le désert du Sahara
   b. dans l'Arctique au pôle Nord
   c. en France dans la région parisienne

4. Si on fait quelque choses tous les jours, c'est une activité **quotidienne**. Si on le fait une fois par semaine, c'est une activité **hebdomadaire**. Si on le fait une fois par mois, c'est une activité **mensuelle**. Si on le fait une fois tous les trois mois (quatre fois par an), c'est une activité **trimestrielle**. Si on le fait une fois par an, c'est une activité **annuelle**. Alors, en ce qui concerne la presse, on a des **quotidiens**, des **hebdomadaires**, des **mensuels**, des **trimestriels**, des **annuels**. Le *New York Times*, c'est un exemple d'un quotidien. Le magazine *Vogue*, c'est quoi ?
   a. un quotidien   b. un hebdomadaire
   c. un mensuel

5. Pour ajouter une couleur à un tissu ou une autre matière, on emploie une **teinture** (rouge, orange, bleue, etc.) naturelle ou chimique. Alors, un tissu peut être **teinté** d'une couleur ou de plusieurs couleurs en trempant le tissu dans la **teinture**. Les idées peuvent, elles aussi, être **teintées** d'un point de vue, d'une philosophie ou d'une opinion politique. En France, qu'est-ce qui a toujours une **teinture** politique ?
   a. l'architecture   b. les journaux
   c. la cuisine

6. Souvent, on a le choix entre deux choses (ou plus). Avec les villes, par exemple : **soit** elles sont trop dangereuses, **soit** elles sont trop ennuyeuses ; **soit** trop modernes, **soit** trop isolées. Si on a faim, pourtant, **que ce soit** un restaurant de luxe, **que ce soit** un restaurant familial, on peut toujours trouver à manger. Pour bien apprendre à parler français, on a beaucoup de choix : **soit** on suit un cours de français, **soit** on peut faire quoi ?
   a. voyager à un pays francophone et parler français
   b. faire des études en France ou au Québec
   c. les deux réponses précédentes sont bonnes

7. Pour transporter un objet **lourd**, comme un grand sac plein de livres scolaires, on peut **porter le poids** de cet objet plus facilement sur les épaules ou sur le dos. C'est pourquoi on a inventé des sacs à dos, afin de **porter le poids** d'un objet **lourd** plus facilement. Métaphoriquement, on peut **porter le poids** de son passé sur ses épaules. Ça peut devenir très **lourd**, une préoccupation qui nous rend anxieux ou mélancoliques. Il vaut mieux se libérer de **ce poids**. Un **poids lourd** qui a préoccupé Jean-Louis, c'est quoi ?
   a. qu'il a dîné au restaurant avec Claire
   b. qu'il n'a pas dit la vérité à Claire à propos de sa profession
   c. qu'il a aidé Claire à trouver Nicolas Gustave

05.22 Vidéo : profil personnel *Regardez l'interview du Chapitre 5 de votre vidéo « Points de vue » et puis indiquez si les détails suivants sur l'intervenant que vous y rencontrez sont vrais ou faux.*

1. Sophie est née à Paris.	vrai faux
2. Sophie a fait ses études universitaires en informatique.	vrai faux
3. Sophie voulait être archéologue, mais elle travaille maintenant en informatique.	vrai faux
4. Sophie habite aujourd'hui à Boston.	vrai faux
5. Sophie se spécialise en informatique financière.	vrai faux

05.23 Vidéo : compréhension *Après avoir regardé le Chapitre 5 de la vidéo, répondez aux questions suivantes en indiquant tout ce qui est vrai.*

1. En parlant de ses études, Sophie mentionne…

_____ l'histoire   _____ l'anglais

_____ l'archéologie   _____ l'informatique

_____ la comptabilité

2. Sophie a vécu dans quelles villes ?

_____ Paris   _____ Boston

_____ Toronto   _____ Montréal

_____ Chicago   _____ Madrid

_____ New York

3. D'après Sophie, le climat parisien est…

_____ pluvieux en hiver   _____ neigeux en hiver

_____ très humide   _____ modéré en hiver

_____ très chaud en été   _____ orageux en été

_____ plus agréable que le climat bostonien

4. Comment Sophie reste-t-elle au courant des actualités ?

_____ en lisant les journaux   _____ en écoutant la radio

_____ en regardant la télé   _____ en consultant l'Internet

_____ en lisant des magazines

5. En parlant de la presse, Sophie mentionne…

_____ des quotidiens   _____ des hebdomadaires

_____ des trimestriels   _____ des mensuels

6. D'après Sophie, les journaux parisiens sont…

_____ tous très similaires dans la présentation des faits

_____ chacun influencé par une orientation politique spécifique

_____ très objectifs et mitigés entre les deux grands partis politiques

7. Qu'est-ce qui manque à Sophie de la vie française ?

_____ la cuisine   _____ la famille

_____ les cafés   _____ les grands magasins

_____ les musées et monuments

8. Sophie conseille aux étudiants qui visitent Paris de/d'…

_____ habiter au centre de Paris

_____ être courageux

_____ aller aux musées

_____ prendre le métro (ne pas marcher !)

_____ rester à Paris (ne pas aller en province !)

_____ visiter la banlieue parisienne

_____ s'habiller à la mode

9. Pour Sophie, être Parisienne, c'est…

_____ être fanatique de mode

_____ être supérieure aux autres

_____ montrer que les Parisiens sont des gens normaux

_____ se sentir obligée de « vendre » Paris aux touristes potentiels

_____ être fluide et flexible

_____ avoir un certain sens de l'humour

10. Dans le premier clip sur « Le temps », le jeune homme québécois dit qu'au Québec en hiver…

_____ il y a des tempêtes   _____ il fait très froid

_____ il fait du soleil   _____ il neige beaucoup

_____ il y a du verglas sur les autoroutes

11. D'après Richard, à Paris…

_____ il fait très chaud en été   _____ la température est modérée

_____ il fait très froid en hiver

12. D'après Smaïn, en Algérie, le climat est…

_____ sec en été   _____ pluvieux en hiver

_____ très froid en hiver

05.24 Vidéo : structures (le subjonctif) *Après avoir regardé la vidéo, terminez les phrases en répétant les conseils que Sophie offre aux étudiants qui veulent visiter Paris. Attention à la conjugaison des verbes au* **subjonctif** *ou à l'*indicatif.

1. Il faut que les étudiants (être) _____ courageux, parce que Paris (être) _____ une très grande ville.

2. Je suis sûre que vous (aller) _____ marcher beaucoup.

3. Il est important que tu (habiter) _____ un quartier central. Il est possible que tu (prendre) _____ le métro, mais il vaut mieux pouvoir marcher.

4. Il est naturel que les touristes (aller) _____ aux grands musées, comme le Louvre ou le musée d'Orsay. Ce sont les plus beaux musées qu'on (pouvoir) _____ trouver au monde !

5. Bien que Paris (offrir) _____ d'innombrables distractions et délices, je souhaite que les étudiants (sortir) _____ de Paris et qu'ils (découvrir) _____ comment on peut être Français ailleurs qu'à Paris.

05.25 Vidéo : structures (les prépositions) *Après avoir regardé la vidéo, employez une* **préposition** *convenable pour décrire les voyages et les déménagements de Sophie.*

Sophie est née (1) _____ Paris, (2) _____ France. Elle y a grandi et a fait ses études. Ensuite, ne pouvant pas être archéologue, elle a décidé de travailler en informatique financière. Elle a trouvé un emploi à la Bourse parisienne. Ensuite, elle a déménagé. Elle est allée (3) _____ Montréal, (4) _____ Québec. Après plusieurs ans, elle est partie (5) _____ Canada et retournée (6) _____ Europe près de sa famille. Pourtant, elle avait toujours envie de découvrir le monde. Elle a interviewé pour un job (7) _____ Tokyo, (8) _____ Japon, mais finalement on lui a offert un emploi (9) _____ États-Unis : soit (10) _____ Chicago, (11) _____ Illinois, soit (12) _____ Boston, (13) _____ Massachusetts. Elle a choisi Boston où elle habite aujourd'hui.

05.26 Vidéo : vocabulaire *D'après ce que vous avez entendu en regardant la vidéo, décrivez le temps dans chaque ville suivante pendant la saison indiquée. Jouez le rôle du météorologue !*

1. D'après Sophie, l'hiver à Paris.

_____

_____

_____

2. D'après Sophie, l'été à Boston.

_____

_____

_____

3. D'après le jeune homme québécois, l'hiver à Québec.

_____

_____

_____

4. D'après Smaïn, l'été en Algérie.

_____

_____

_____

05.27 Vidéo : culture *Réfléchissez à l'interview avec Sophie dans cette vidéo. Ensuite, répondez aux questions personnelles.*

1. Sophie explique que les journaux parisiens sont ouvertement subjectifs en présentant les nouvelles à leurs lecteurs. Par contre, aux États-Unis, les journalistes ont traditionnellement essayé d'être objectifs en écrivant leurs articles. Quel système marche le mieux, à votre avis ? Pourquoi ?

_____

_____

_____

_____

2. Comment Sophie reste-t-elle au courant de ce qui se passe dans le monde ? Et vous ? Comparez ses façons d'apprendre les nouvelles aux vôtres. Y a-t-il des similarités ou des différences ? Expliquez.

_____

_____

_____

_____

3. Quand Sophie parle de ce que ça veut dire pour elle d'être Parisienne, elle parle des stéréotypes qu'on a des Parisiens et elle explique que les Parisiens sont « comme tout le monde, des gens normaux ». Quels sont les stéréotypes que vous avez des Parisiens ? Est-ce que Sophie a changé votre idée de ces stéréotypes ?

_____

_____

_____

_____

Interlude

Pour réviser

■ *Activités orales*

I.01 Comment se présenter et comment décrire sa routine quotidienne

I.02 Comment parler de ses préférences

■ *Activités écrites*

I.03 Comment poser des questions

I.04 Comment décrire les gens

I.05 Comment parler du passé

I.06 Comment exprimer son opinion et comment donner des conseils

Pour réviser

■ *Activités orales*

🔊 **1.01** **Comment se présenter et comment décrire sa routine quotidienne** *Vous venez de rencontrer un touriste francophone dans la région où vous habitez. Il veut rencontrer des gens et connaître la culture nord-américaine. Alors, il vous pose beaucoup de questions. Répondez aux questions en écrivant des phrases complètes.*

À réviser avant de faire cette activité : les fonctions et les structures du Chapitre 1, surtout la conjugaison des verbes au présent.

1. _____
2. _____
3. _____
4. _____
5. _____
6. _____
7. _____
8. _____
9. _____
10. _____
11. _____
12. _____
13. _____
14. _____
15. _____

🔊 **1.02** **Comment parler de ses préférences** *Ce touriste veut en savoir plus sur vos habitudes et vos préférences. Il vous pose encore des questions. Répondez à ses questions d'après vos préférences personnelles en donnant autant de détails que possible.*

À réviser avant de faire cette activité : le vocabulaire pour parler des voyages (Chapitre 1), de la cuisine (Chapitre 2), de la mode (Chapitre 3), des membres de la famille (Chapitre 4) et des actualités et du temps (Chapitre 5) ; l'usage des articles et du partitif (Chapitres 1 et 2) ; l'usage des adjectifs descriptifs (Chapitre 3) ; les prépositions suivies de noms géographiques (Chapitre 5) ; la conjugaison des verbes au passé (Chapitres 2, 3 et 4).

1. _____
2. _____
3. _____
4. _____
5. _____
6. _____
7. _____
8. _____
9. _____
10. _____
11. _____
12. _____

■ *Activités écrites*

I.03 Comment poser des questions *Dans les cinq premiers chapitres de ce texte, on a beaucoup appris sur les cultures francophones. Vérifions ce que vous savez ! Formulez des questions sur les sujets suivants, d'après les indications. Ensuite, essayez de répondre aux questions en relisant le texte ou en posant des questions à vos camarades de classe !*

À réviser avant de faire cette activité : l'interrogatif (Chapitres 1 et 2) ; l'usage de l'adjectif et du pronom interrogatifs (Chapitre 4) ; les centres d'information (Chapitres 1 à 5) et les textes littéraires (Chapitres 1 à 5).

MODÈLE : localisation du Vieux Carré

Où est le Vieux Carré ? À la Nouvelle-Orléans !

1. définition d'un « fais do-do »

   _____

2. profession de Zachary Richard

   _____

3. ingrédients d'une étouffée

   _____

4. langues parlées à Haïti

   _____

5. dates de la Révolution haïtienne

   _____

6. nombre d'arrondissements à Paris

   _____

7. produits qu'on peut acheter dans un grand magasin

   _____

8. importance de Dien Bien Phu

   _____

9. localisation du Maghreb

   _____

10. les cinq piliers de la religion islamique

    _____

11. caractéristiques de l'œuvre d'Assia Djebar

    _____

12. définition des DOM-TOM

    _____

13. année de la fondation de l'Union européenne

    _____

14. nom du palais de Louis XIV

    _____

I.04 **Comment décrire les gens** *À réviser avant de faire ces activités : comment décrire les gens, les vêtements et les objets (Chapitre 3), comment décrire le caractère des gens (Chapitre 4).*

(a) **Votre autoportrait !** *Vous avez invité des amis de vos amis, des touristes francophones, à passer quelques jours chez vous. Vous allez les rencontrer à l'aéroport près de chez vous et vous leur envoyez un message par courrier électronique afin de vous décrire. Faites votre description physique, décrivez les vêtements que vous allez porter à l'aéroport et décrivez votre caractère.*

_____

_____

_____

_____

_____

_____

_____

_____

(b) **Comment sont-ils ?** *Lisez les descriptions des personnages principaux du texte (Interlude). Choisissez deux personnages qui vous intéressent, un homme et une femme, et imaginez comment ils sont. Faites une description physique (imaginez !) et une description du caractère de chacun des deux personnages.*

_____

_____

_____

_____

_____

_____

_____

_____

I.05 Comment parler du passé *À réviser avant de faire ces activités : la conjugaison des verbes au passé (Chapitres 2, 3 et 4).*

(a) Questions de chronologie ! *Relisez la chronologie des événements dans votre texte (Interlude) et puis répondez aux questions suivantes.*

1. Qu'est-ce que François Fontenot a fait entre 1792 et 1822 ? Qu'est-ce qu'il avait déjà fait avant 1792 ?

_____

_____

2. Qu'est-ce qu'Henri Pierre Fontenot a fait entre 1941 et 1945 ? Pourquoi ?

_____

_____

3. Qu'est-ce qu'Henri Pierre Fontenot a fait en 1973 ? Pourquoi ?

_____

_____

4. Où est-ce que Claire Plouffe est allée en 2002 ? Pourquoi ? Qu'est-ce qu'elle avait déjà fait avant d'y aller ?

_____

_____

5. Quels pays Claire a-t-elle visité en 2003 ? Pourquoi ?

_____

_____

6. Quels autres personnages est-ce que Claire a vus au cours de sa visite à Paris en 2003 ? Lesquels avait-elle déjà rencontrés avant d'arriver à Paris ?

_____

_____

(b) Résumez l'intrigue ! *Relisez le résumé de l'intrigue dans votre texte (Interlude). Ensuite, choisissez le chapitre que vous pensez être le chapitre le plus important. Qu'est-ce qui s'est passé dans ce chapitre ? Réécrivez le résumé de ce chapitre au passé.*

_____

_____

_____

_____

_____

_____

_____

_____

_____

(c) Qu'est-ce qui s'est passé ? *Maintenant que vous avez révisé l'intrigue, la chronologie des événements et les rôles des personnages, vous avez sans doute des questions à poser ! Écrivez cinq ou six questions que vous avez sur les personnages, leur rapports interpersonnels ou les événements de l'intrigue. Posez vos questions à vos camarades de classe ou bien à votre professeur afin de trouver des réponses satisfaisantes.*

_____

_____

_____

_____

_____

_____

_____

_____

_____

_____

_____

_____

I.06 Comment exprimer son opinion et comment donner des conseils *À réviser avant de faire ces activités : comment encourager ou avertir quelqu'un (Chapitre 2) ; comment s'excuser et pardonner à quelqu'un (Chapitre 3) ; comment exprimer son désaccord et se réconcilier (Chapitre 4) ; comment montrer l'intérêt ou l'indifférence, comment apprendre une nouvelle à quelqu'un et comment réagir, comment exprimer son opinion et donner des conseils (Chapitre 5) ; l'usage du subjonctif (Chapitre 5).*

(a) Exprimez-vous ! *Exprimez vos opinions sur les sujets suivants. Écrivez deux ou trois phrases. Employez les temps de verbe convenables.*

1. l'utilité des voyages dans les pays étrangers

_____

_____

_____

2. la popularité du fast-food

_____

_____

_____

3. l'importance de bien s'habiller en public

_____

_____

_____

4. la disparition de la famille multigénérations

_____

_____

_____

5. l'objectivité des journalistes

_____

_____

_____

(b) Réagissez ! *Voici quelques déclarations et opinions de plusieurs gens. Réagissez à chaque opinion selon les indications données. Écrivez une phrase ou simplement une expression.*

1. Je vais me faire couper les cheveux. J'aime les cheveux courts. (*Encouragez cette personne.*)

_____

2. Nous voulons visiter la ville de Québec pendant l'hiver. (*Donnez un avertissement.*)

_____

3. Le recyclage ne sert à rien. À quoi bon y perdre son temps ? (*Exprimez votre désaccord.*)

_____

4. Écoutez, j'ai fait une gaffe. J'ai perdu vos lunettes de soleil. (*Pardonner à cette personne.*)

_____

5. Hier, c'était mon anniversaire. J'ai 30 ans ! (*Soyez surpris[e] !*)

_____

6. Il y a des soldes (*sales*) magnifiques dans les grands magasins. (*Montrez votre indifférence.*)

_____

7. Il y a une nouvelle exposition d'art impressionniste au musée d'Orsay. (*Montrez votre intérêt !*)

_____

8. Je sais que vous aimez la musique classique, mais moi, je pense que le zydeco est une musique plus amusante et plus dynamique. (*Réconciliez-vous avec cette personne.*)

_____

(c) **Des conseils !** *Quels conseils voulez-vous donner à des gens dans les situations suivantes ? Écrivez deux ou trois phrases afin de communiquer vos désirs, vos sentiments, et vos conseils à chaque individu.*

1. une amie qui cherche un nouvel emploi

_____

_____

_____

_____

_____

2. un collègue qui porte toujours des vêtements démodés

_____

_____

_____

_____

3. un membre de votre famille qui veut faire de la recherche généalogique

_____

_____

_____

_____

_____

6 Une mésaventure martiniquaise

Pour réviser

■ Activités orales

06.01 Comment dire : interrompre quelqu'un et ajouter quelque chose

06.02 Comment dire : faire répéter ou faire préciser

06.03 Comment dire : rassurer quelqu'un (dictée)

06.04 Comment dire : ce que je ferai pendant le week-end

■ Activités écrites

06.05 Vocabulaire : la politique

06.06 Structures : les pronoms compléments d'objet et les pronoms adverbiaux

06.07 Structures : les pronoms compléments d'objet et les pronoms adverbiaux

06.08 Structures : les pronoms compléments d'objet et les pronoms adverbiaux

06.09 Structures : les pronoms disjoints

06.10 Structures : le futur et le futur antérieur

06.11 Vous rappelez-vous ? les verbes irréguliers au présent

06.12 Recyclons ! le subjonctif et l'indicatif

06.13 Recyclons ! le passé composé, l'imparfait, le plus-que-parfait

06.14 Recyclons ! l'interrogatif

06.15 Culture : quiz culturel

06.16 Culture : comparaisons

06.17 Littérature : suite

■ Activités audiovisuelles

06.18 Avant de regarder : que savez-vous déjà ?

06.19 Avant de regarder : vocabulaire

06.20 Vidéo : profil personnel

06.21 Vidéo : compréhension

06.22 Vidéo : structures (le futur et le futur antérieur)

06.23 Vidéo : structures (les pronoms compléments d'objets et adverbiaux)

06.24 Vidéo : vocabulaire

06.25 Vidéo : culture

Pour réviser

■ *Activités orales*

🔊 **06.01 Comment dire : interrompre quelqu'un et ajouter quelque chose** *Vous êtes à la Martinique et vous écoutez lorsque deux personnes francophones discutent de la politique. L'une d'entre eux n'arrête pas d'interrompre l'autre pour ajouter des commentaires. Écoutez leur conversation et indiquez si la personne qui interrompt le fait poliment ou impoliment.*

MODÈLE : Vous entendez : « Je n'aime pas trop notre maire. Il est trop conservateur…
—Je suis désolé de t'interrompre, mais n'oublions pas qu'il est aussi très vieux. »
Vous marquez : _____*x*_____ poli

1. _____ poli   _____ impoli
2. _____ poli   _____ impoli
3. _____ poli   _____ impoli
4. _____ poli   _____ impoli

🔊 **06.02 Comment dire : faire répéter ou faire préciser** *Vous êtes chez vous et vous recevez un coup de téléphone d'un homme francophone qui veut vous apprendre une nouvelle importante. Vous avez du mal à l'entendre, alors il faut lui demander souvent de répéter. En plus, vous avez du mal à le comprendre, alors il faut lui demander de s'expliquer ou de préciser ce qu'il veut dire. Écoutez ce qu'il vous dit et choisissez la réponse (a) ou la réponse (b) selon les indications.*

1. Vous voulez qu'il se répète.
   a. Excusez-moi ?
   b. J'ai du mal à vous comprendre.

2. Vous voulez qu'il s'explique.
   a. Je ne vois pas ce que vous voulez dire.
   b. Pouvez-vous parler plus fort ?

3. Vous voulez qu'il s'explique.
   a. Qu'est-ce que vous venez de dire ?
   b. Mais qu'est-ce que vous racontez ?

4. Vous voulez qu'il se répète.
   a. Pouvez-vous répéter, s'il vous plaît ?
   b. Pouvez-vous préciser ?

5. Vous voulez qu'il se répète.
   a. Je ne comprends pas ce que vous dites.
   b. Articulez, s'il vous plaît.

6. Vous voulez qu'il s'explique.
   a. Je n'ai pas bien entendu.
   b. C'est-à-dire ?

06.03 **Comment dire : rassurer quelqu'un (dictée)** *Voici un extrait de la lettre que la tante Émilie a envoyée à Jean-Louis après l'anniversaire de la mère de Jean-Louis. Vous allez entendre le paragraphe trois fois. La première fois, écoutez attentivement. La deuxième fois, le paragraphe sera lu plus lentement. En écoutant, écrivez chaque phrase exactement comme vous l'entendez. La troisième fois, écoutez encore en relisant ce que vous avez écrit pour vérifier votre transcription.*

_____

_____

_____

_____

_____

_____

_____

_____

_____

_____

_____

_____

_____

_____

_____

_____

_____

_____

06.04 **Comment dire : ce que je ferai pendant le week-end** *Votre amie francophone veut savoir ce que vous ferez ce week-end. À haute voix, dites ce que vous ferez ce week-end. N'oubliez pas les éléments suivants :*

1. des activités habituelles

2. des activités amusantes

3. avec qui vous ferez ces activités

4. comment vous vous sentirez pendant le week-end.

06.05 Vocabulaire : la politique *Vous travaillez pour une organisation à but non lucratif qui aide les immigrés francophones aux États-Unis. Un jour, vous vous occupez d'un groupe d'enfants qui vous posent des questions sur la politique. Vous leur expliquez le sens de quelques mots de vocabulaire. Lisez les explications et sélectionnez le mot qui correspond à chaque définition.*

une élection, la souveraineté, un droit, une loi, une guerre, un parti politique

1. C'est un conflit violent entre deux pays ou deux groupes qui ne sont pas d'accord. _____

2. C'est quand les gens font entendre leurs voix afin de mettre quelqu'un au pouvoir dans le gouvernement. _____

3. C'est l'idée que chaque individu peut faire certaines choses dans la vie, comme acheter une maison, voter ou se défendre contre ses accusateurs devant un juge. _____

4. C'est quand un état est indépendant et n'est pas contrôlé par un autre état. _____

5. C'est un groupe de gens qui ont à peu près les mêmes idées en ce qui concerne la société et le gouvernement et qui travaillent ensemble pour élire quelqu'un qui pense comme eux. _____

6. C'est une règle écrite qui permet aux gens de faire certaines choses légalement ou qui défend aux gens de faire d'autres choses qui sont illégales. _____

06.06 Structures : les pronoms compléments d'objet et les pronoms adverbiaux *Bernadette rentre à la maison où elle habite avec ses parents et sa sœur. Sa mère lui demande de faire quelques courses. Sa grand-mère répète tout ce que la mère lui dit pour que Bernadette n'oublie rien. Choisissez le* **pronom complément d'objet** *ou le* **pronom adverbial** *qu'on utilise pour remplacer chaque expression soulignée. Faites attention à l'ordre des pronoms.*

1. Il faut que tu achètes <u>les crevettes</u> <u>au marché</u>.

   —Il faut que tu [le, les, leur] [y, en, les] achètes.

2. En plus, tu achèteras un kilo <u>d'oranges</u>.

   —Tu [les, lui, en] achèteras un kilo.

3. Tu pourrais parler <u>de ton travail</u> <u>à Monsieur Pogue</u>.

   —Tu pourrais [lui, en, le] [me, le, en] parler.

4. C'est Monsieur Pogue qui a apporté <u>ta boîte de pamphlets</u> <u>à tes amis parisiens</u> l'année dernière.

   —C'est lui qui [les, leur, la] [y, la, leur] a apporté l'année dernière.

5. Il est allé <u>à Paris</u> afin de fêter <u>son cinquantième anniversaire de mariage</u> !

   —Il [lui, la, y] est allé afin de [le, en, y] fêter!

6. Ensuite, tu seras <u>près de la maison de ton frère</u>.

   —Tu [y, la, lui] seras.

7. Alors, tu iras <u>chez lui</u> et tu donneras <u>les oranges</u> <u>à sa femme</u>.

   —Tu [lui, le, y] iras et tu [lui, les, y] [lui, en, la] donneras.

8. Finalement, tu iras <u>à la poste</u> et tu enverras <u>ces lettres</u> <u>à tes cousins</u>.

   —Tu [y, lui, leur] iras et tu [les, leur, y] [lui, les, leur] enverras.

06.07 Structures : les pronoms compléments d'objet et les pronoms adverbiaux *Quand Bernadette rentre à la maison deux heures plus tard, sa mère a des questions pour elle. Jouez le rôle de Bernadette et aidez-la à répondre aux questions en employant des **pronoms compléments d'objet** ou des **pronoms adverbiaux**.*

LA MÈRE : Est-ce que tu as vu <u>ta belle-sœur</u> ?

BERNADETTE : Non, je ne (1) _____ ai pas vue.

LA MÈRE : Tu n'as pas laissé <u>les oranges</u> <u>chez ton frère</u> ?

BERNADETTE : Oui, je (2) _____ (3) _____ ai laissées.

LA MÈRE : Et tes neveux étaient toujours <u>à l'école</u> ?

BERNADETTE : Oui, ils (4) _____ étaient toujours.

LA MÈRE : Tu as trouvé <u>de bonnes crevettes</u> <u>au marché</u>, n'est-ce pas ?

BERNADETTE : Oui, je/j' (5) _____ (6) _____ ai trouvé.

LA MÈRE : Et tu as remercié <u>Monsieur Pogue</u> d'avoir transporté <u>tes pamphlets</u> <u>à Paris</u> ?

BERNADETTE : Oui, je (7) _____ ai remercié de (8) _____ (9) _____ avoir transportés.

LA MÈRE : Est-ce qu'il <u>t</u>'a parlé <u>des prochaines élections</u> ?

BERNADETTE : Non, il ne (10) _____ (11) _____ a pas parlé.

LA MÈRE : Est-ce que tu as mis <u>mes lettres</u> <u>dans la boîte aux lettres</u> ?

BERNADETTE : Oui, je (12) _____ (13) _____ ai mises.

LA MÈRE : Et tu n'as pas revu <u>ces deux chercheurs</u> <u>en ville</u> ?

BERNADETTE : Non, je ne (14) _____ (15) _____ ai pas revus.

06.08 Structures : les pronoms compléments d'objet et les pronoms adverbiaux *La mère de Bernadette a toujours des commissions à lui demander. Voici encore des demandes qu'elle fait à sa fille. Complétez ses ordres en indiquant quel **pronom complément d'objet** ou quel **pronom adverbial** on doit utiliser avec l'impératif.*

MODÈLE : Demain, il faut que nous **parlions** <u>à ta belle-sœur</u>.
  —**Parlons-lui !**

1. Demain, tu dois **aller** <u>au travail</u>.
   —Vas-_____ !

2. Mais ce week-end il faut que nous **organisions** <u>le dîner familial</u>.
   —Organisons-_____ !

3. Il est important que nous **invitions** <u>tes tantes</u> <u>chez nous</u>.
   —Invitons-_____ - _____ !

4. Je veux que toi et ton père, vous **serviez** <u>des boissons</u> <u>à tes tantes</u>.
   —Servez-_____ - _____ !

5. Surtout, il ne faut pas que tu <u>nous</u> **parles** <u>de la politique</u>.
   —Ne _____ _____ parle pas !

06.09 Structures : les pronoms disjoints *Bernadette aide sa mère à ranger les affaires dans la maison et à préparer la cuisine. Elle parle de Claire et Jean-Louis et elle emploie beaucoup de pronoms disjoints afin de souligner de qui elle parle. Remplissez les blancs avec un* **pronom disjoint** *convenable.*

BERNADETTE : Cette jeune femme québécoise a l'air intelligente. (1) _____, elle est engagée dans la politique de son pays. Le Français, pourtant, a l'air désintéressé. (2) _____, il n'avait rien à ajouter à notre conversation. Quant à (3) _____, je préfère discuter avec les gens qui ont des opinions sur ce qui se passe dans le monde. (4) _____ et Papa, vous m'avez appris à dire ce que je pense. (5) _____, vous avez l'esprit ouvert. Ici, chez (6) _____, nous avons toujours parlé des actualités. Même mes vieilles tantes, (7) _____, elles lisent les journaux et elles aiment discuter. C'est vrai, pourtant que mon frère et sa femme, (8) _____, ils n'aiment pas parler de la politique. Ma belle-sœur, (9) _____, elle préfère parler de ses vêtements et des meubles qu'elle achète pour la maison. Mais (10) _____, je déteste parler de choses banales comme ça.

06.10 Structures : le futur et le futur antérieur *Bernadette continue à parler de sa vie et imagine comment sera la vie à la Martinique si elle acquiert son indépendance de la France un jour. Mettez les verbes au* **futur** *ou bien au* **futur antérieur**.

BERNADETTE : Je parie qu'au bout de dix ans, la vie ici (être) (1) _____ différente. La Martinique (gagner / déjà) (2) _____ son indépendance et nous (ne ... plus / avoir) (3) _____ d'impôts français à payer. Nous (élire) (4) _____ un président et un premier ministre martiniquais. L'économie (se développer) (5) _____ autour du tourisme et de la technologie, car ce (être) (6) _____ la clé de notre avenir. Vous (voir) (7) _____ que tout (aller) (8) _____ à merveille. Quant à moi, en dix ans, j' (faire / déjà) (9) _____ des études supérieures en sciences politiques et j' (recevoir / déjà) (10) _____ mon doctorat. Alors, le nouveau président (se hâter) (11) _____ de m'engager comme analyste politique. J'(habiter) (12) _____ ma propre maison à Fort-de-France et je (être) (13) _____ très occupée. Mais, ne t'inquiète pas, Maman, je (revenir) (14) _____ souvent vous voir à Schœlcher parce que j'(avoir) (15) _____ une petite voiture électrique qui (faciliter) (16) _____ le voyage. Je (ne ... plus / prendre) (17) _____ l'autobus. Tu imagines !

06.11 **Vous rappelez-vous ? les verbes irréguliers au présent** *Bernadette décide de ne pas attendre d'aller voir ses tantes, et elle leur téléphone. Choisissez parmi les verbes suivants et terminez les phrases en conjuguant le verbe au* **présent.** *Vous allez utiliser quelques verbes plus d'une fois.*

dormir, mentir, sentir, se sentir, ressentir

BERNADETTE : Bonsoir, Tati. C'est Bernadette. Comment vas-tu ?

LA TANTE : Bonsoir. Je vais bien, mais Josie ne (1) _____ pas très bien. Son rhumatisme, tu sais. Mais qu'y a-t-il ? Il est tard, non ?

BERNADETTE : Oui, un peu. Vous ne (2) _____ pas, j'espère.

LA TANTE : Non, Josie et moi, nous ne nous couchons pas avant onze heures. Je (3) _____ mal si je me couche trop tôt ou si je me lève trop tard. Je (4) _____ exactement huit heures par nuit, de onze heures à sept heures. Mais, bon, tu n'as pas téléphoné pour parler de mes habitudes nocturnes.

BERNADETTE : Non, en effet. J'ai une question à propos de vos voisins.

LA TANTE : À propos des Thibodeau ? Il s'agit d'une de tes manifestations politiques ?

BERNADETTE : Non, Tati. Je connais quelqu'un qui veut parler à Monsieur Thibodeau. Comme c'est une femme bien sympa, je (5) _____ le besoin de l'aider.

LA TANTE : Tu ne me (6) _____ pas ? Tu dis la vérité ?

BERNADETTE : Mais bien sûr, Tati. Je suis engagée en politique, je ne suis pas révolutionnaire ! Et de toute façon, tu sais que je ne (7) _____ jamais. Il s'agit vraiment d'une femme étrangère qui fait de la recherche. Cette femme veut savoir si les Thibodeau sont chez eux. Elle leur a téléphoné, mais il n'y avait pas de réponse.

LA TANTE : Tiens, c'est vrai. Ils sont partis il y a quelques jours. Tu sais, chaque année ils rendent visite à leurs parents en Afrique. Ils y sont probablement allés.

BERNADETTE : Merci, Tati. Cette femme sera déçue, mais…

LA TANTE : Excuse-moi, mais je (8) _____ l'odeur de quelque chose qui brûle dans la cuisine.

BERNADETTE : Ce n'est pas grave. Je t'appellerai demain ! Merci, Tati !

06.12 **Recyclons ! le subjonctif et l'indicatif** *La mère de Bernadette la trouve un peu trop radicale. Elle lui donne des conseils. Mettez les verbes entre parenthèses au* **subjonctif** *ou à l'indicatif.*

LA MÈRE : Écoute, Bernadette, je sais que tu (s'intéresser) (1) _____ à la politique et à l'avenir de la Martinique. C'est vraiment très admirable, mais tu es la fille la plus optimiste qui (être) (2) _____ ! Il est naturel que tu (vouloir) (3) _____ contribuer à la politique du pays. Pourtant, je ne veux pas que tu (confondre) (4) _____ les rêves et la réalité. Il est douteux que la Martinique (pouvoir) (5) _____ gagner son indépendance de la France en dix ans. Il est probable que nous (rester) (6) _____ sous le protectorat de la France, même si nous gagnons un peu plus d'indépendance au cours de prochaines années.

06.13 Recyclons ! le passé composé, l'imparfait, le plus-que-parfait *Bernadette décrit à sa mère le repas qu'elle a eu avec Claire au restaurant. Terminez les phrases en choisissant entre le* **passé composé**, *l'***imparfait** *ou le* **plus-que-parfait**.

BERNADETTE : Nous (1) [avons dîné, dînions, avions dîné] au restaurant en ville. Il (2) [a été, était, avait été] tard quand nous (3) [sommes arrivées, arrivions, étions arrivées] de Fort-de-France et nous (4) [avons eu, avions, avions eu] tous très faim. Comme tu sais, j' (5) [ai rencontré, rencontrais, avais rencontré] Claire et son ami dans l'autocar. Claire m'(6) [a parlé, parlait, avait parlé] du mouvement d'indépendance au Québec et je lui (7) [ai décrit, décrivais, avais décrit] la situation martiniquaise. Donc, quand nous (8) [avons décidé, décidions, avions décidé] de dîner ensemble, je (9) [ai su, savais, avais su] qu'elle (10) [est allée, allait, était allée] être une personne intéressante. Je suis très heureuse d'avoir fait sa connaissance.

06.14 Recyclons ! l'interrogatif *La mère de Bernadette a plusieurs questions à lui poser à propos de ces étrangers. Lisez les réponses et ajoutez l'***expression interrogative** *(qui, qui est-ce que, qu'est-ce qui, qu'est-ce que, où, quand, comment, pourquoi, quel, etc.) qui convient le mieux.*

1. _____ est-ce que cette jeune femme veut parler à Monsieur Thibodeau ?

   — Parce qu'elle cherche un manuscrit qu'il a acheté à un bouquiniste parisien.

2. _____ a-t-il payé ce manuscrit ?

   — Je ne sais pas, Maman, mais je suis sûre que c'était assez cher. C'est un manuscrit très ancien.

3. _____ pousse cette jeune femme à chercher pour ce manuscrit ?

   — C'est pour sa thèse de doctorat. Elle est spécialiste en littérature française du 18ème siècle.

4. _____ le jeune homme fait avec elle ?

   — Il est son compagnon. Je pense qu'il l'aide à trouver le manuscrit.

5. Dans _____ hôtel ont-ils trouvé une chambre ?

   — Ils ont pris deux chambres au Beauséjour. L'hôtel n'était pas au complet.

06.15 Culture : quiz culturel *Que savez-vous déjà ? Répondez aux questions suivantes en choisissant la meilleure réponse.*

1. La capitale de la Martinique est...
   a. Paris
   b. Port-au-Prince
   c. Fort-de-France
   d. Pointe-à-Pitre

2. L'économie coloniale de l'île était basée sur...
   a. le tourisme
   b. la canne à sucre
   c. les fruits exotiques
   d. la pêche

3. Victor Schœlcher est célèbre pour avoir été...
   a. maire de Fort-de-France
   b. gouverneur colonial
   c. anti-esclavagiste
   d. antisouverainiste

4. Les Français ont aboli l'esclavage en...
   a. 1635
   b. 1789
   c. 1848
   d. 1946

5. Aimé Césaire était...
   a. poète
   b. activiste
   c. Martiniquais
   d. toutes ces réponses sont valides

6. La « négritude » est...
   a. un mouvement littéraire
   b. un mouvement anti-esclavagiste
   c. un mouvement politique
   d. un mouvement souverainiste

7. Les auteurs qui soutiennent l'idée de la « créolité » voient leur société comme...
   a. une mosaïque de cultures diverses
   b. une culture française
   c. une société traditionnellement africaine
   d. une société homogène

8. Quand est-ce que l'ONU a été fondée ?
   a. pendant la IIe République française
   b. pendant la IIIe République française
   c. pendant la IVe République française
   d. pendant la Ve République française

9. Combien de partis politiques légitimes y a-t-il en France aujourd'hui ?
   a. deux
   b. trois
   c. cinq
   d. plus de six

10. Que veut dire le sigle « RPR » ?
    a. Réunion pour la République
    b. Rassemblement pour la République
    c. Républicains pour le repos
    d. Républicains pour la représentation

11. Au Québec, les souverainistes désirent...
    a. que le Québec fasse partie du Canada
    b. que le Québec se sépare du Canada
    c. que le Québec devienne allophone
    d. que le Canada se sépare de la Grande-Bretagne

12. Au Québec, les autochtones sont les gens qui parlent...
    a. français
    b. anglais
    c. des langues africaines
    d. des langues amérindiennes

13. Quand un conteur veut attirer l'attention de son public aux Antilles, il crie...
    a. « Attention ! »
    b. « Ça alors ! »
    c. « Cric ! »
    d. « Crac ! »

14. Quand on dit « Ne t'en fais pas », le pronom **en** veut dire...
    a. là-bas
    b. beaucoup
    c. de soucis
    d. de joie

15. Le nom de la Martinique vient du mot « madiana » qui veut dire...
    a. île montagneuse
    b. île aux fleurs
    c. île des esclaves
    d. île magique

06.16 Culture : comparaisons *En général, aux États-Unis, il ne faut pas parler politique dans les situations sociales où on ne connaît pas très bien les gens, quoiqu'en France les discussions politiques soient plus acceptées. Faites une liste de trois ou quatre sujets politiques que vous trouvez inacceptables pour la conversation générale aux États-Unis. Ensuite, écrivez quelques phrases afin d'expliquer pourquoi ces sujets sont tabous aux États-Unis mais plus acceptables en France. Pourquoi cette différence culturelle existe-t-elle ?*

06.17 Littérature : suite *Une enfance créole : chemin d'école* de Patrick Chamoiseau *Imaginez comment la scène dans cette école sera différente quand un nouveau maître, moins ethnocentriste et plus ouvert aux cultures diverses, enseigne l'histoire du monde aux enfants martiniquais. Qu'est-ce que ce nouveau maître leur apprendra ? Jouez le rôle du nouveau maître et écrivez un paragraphe dans lequel vous parlez des événements historiques que vous enseignerez aux élèves.*

_____
_____
_____
_____
_____
_____
_____
_____
_____
_____
_____
_____
_____
_____
_____
_____
_____
_____

■ *Activités audiovisuelles*

06.18 Avant de regarder : que savez-vous déjà ? *Que savez-vous déjà de la Martinique ? Avant de regarder la vidéo, indiquez si les phrases suivantes sont vraies ou fausses.*

1. La Martinique est une île tropicale qui se trouve dans l'océan pacifique.   vrai   faux

2. Le tourisme est très important à l'économie de la Martinique.   vrai   faux

3. La religion musulmane a eu beaucoup d'influence sur la culture créole martiniquaise.   vrai   faux

4. Les Martiniquais peuvent voter aux élections françaises et européennes.   vrai   faux

5. Le mouvement indépendantiste n'existe plus à la Martinique.   vrai   faux

6. Les Martiniquais utilisent le dollar américain comme argent, pas l'euro.   vrai   faux

06.19 Avant de regarder : vocabulaire *Connaissez-vous les mots suivants ? Lisez les paragraphes suivants et essayez de comprendre le sens des mots en caractères gras (que vous allez entendre dans l'interview). Ensuite, répondez aux questions en choisissant la réponse la plus logique.*

1. Aux îles et aux pays tropicaux, on trouve souvent des montagnes, des **mornes** et des **volcans**. Les **mornes** sont plus petits que les montagnes mais aussi parfois plus intéressants, parce qu'ils surgissent d'une terre plate. Les **volcans** sont plus dramatiques parce qu'ils peuvent érupter et détruire les villages près d'eux. Lequel est un **volcan** très connu à la Martinique ?
   a. Mont Vésuve, près de Naples
   b. la montagne Pelée, près de Saint-Pierre
   c. Mont Etna, près de Catane

2. En France, on peut faire beaucoup de diplômes différents après avoir terminé ses etudes au lycée et après avoir reussì son BAC (l'examen du baccalauréat). Le **BTS**, ou brevet de technicien supérieur, est un diplôme qu'on donne aux étudiants après avoir complété deux années d'études dans une domaine professionnelle comme le commerce ou la mécanique. Le **BTS**, c'est plus ou moins l'équivalent du diplôme américain qu'on appelle quoi ?
   a. associate's degree
   b. bachelor's degree
   c. master's degree

3. Les plantes et les arbres ont des **racines**. C'est la partie qui plonge dans le sol pour ancrer la plante ou l'arbre à la terre. Ce sont des **racines** que l'arbre ou la plante est nourri. Les gens ont des **racines** aussi, dans le sens métaphorique. Nos **racines**, c'est notre passé. Ce sont les traditions culturelles de notre famille et les souvenirs du pays natal ou de la terre d'où sont venus nos ancêtres. Pour Claire, ses **racines** sont où ?
   a. à la Martinique
   b. au Sénégal
   c. au Québec

4. En 2005, les Français ont voté par **référendum** pour accepter ou refuser la constitution de l'Union européenne. Ils n'ont pas accepté cette constitution en 2005 parce qu'ils voulaient des modifications. Un **référendum**, c'est une vote populaire pour ou contre quelque chose. Au Québec, on a voté par **référendum** au sujet de quoi ?
   a. l'indépendance
   b. l'élection du premier minister
   c. le droit de parler français à la maison

06.20 Vidéo : profil personnel *Regardez l'interview du Chapitre 6 de votre vidéo « Points de vue » et puis complétez le profil personnel suivant en fournissant les détails sur l'intervenant que vous y rencontrez.*

Thierry est né dans la ville de (1) _____. Il a étudié l'économie, le commerce international et finalement, les langues. Il a fait un BTS, une maîtrise et un (2) _____. Le sujet de sa thèse était la littérature (3) _____. Aujourd'hui, il travaille dans une (4) _____ de filles comme professeur de français.

06.21 Vidéo : compréhension *Après avoir regardé le Chapitre 6 de la vidéo, répondez aux questions suivantes en indiquant tout ce qui est vrai.*

1. Thierry dit que la Martinique est près de...

   _____ Haïti   _____ Sainte-Lucie

   _____ la Dominique   _____ la Guadeloupe

   _____ Floride

2. En parlant de ses études, Thierry mentionne quelles matières ?

   _____ l'économie   _____ le commerce international

   _____ les langues romanes   _____ la géographie

   _____ le français   _____ la littérature antillaise

   _____ l'histoire

3. Si Thierry retourne à la Martinique cette année, il ira...

   _____ voir la famille   _____ manger des plats antillais

   _____ faire du kayak   _____ se reposer à la plage

   _____ se promener en ville   _____ faire de la pêche

4. Pour être informé de la politique, Thierry...

   _____ regarde la télévision   _____ écoute la radio

   _____ consulte des sites Internet _____ lit les journaux

5. En parlant des élections, Thierry dit qu'...

   _____ il ne vote pas régulièrement

   _____ il ne peut pas voter aux États-Unis

   _____ il ne s'intéresse pas à la politique

   _____ il peut voter en France, mais ne vote pas beaucoup

   _____ il vote aux États-Unis et en France

6. Quand Thierry parle du référendum en 2005 pour la Constitution européenne, il dit que...

   _____ les Français ont voté « non »

   _____ les Français ont voté « oui »

   _____ les Français n'ont pas l'impression de bénéficier de l'Europe unie

   _____ les Français veulent leur indépendance de l'Europe

7. En parlant du mouvement d'indépendance à la Martinique, Thierry dit que...

   _____ le mouvement n'existe plus

   _____ le mouvement est minoritaire

   _____ c'est un mouvement économique, politique et sociale

   _____ le mouvement est utile pour la politique des Antilles

   _____ le mouvement est inutile pour la politique des Antilles

8. Dans le premier clip de « La politique », Sophie mentionne quels partis politiques ?

_____ la droite   _____ la gauche

_____ les Verts   _____ les Communistes

_____ le Front national

9. Dans le deuxième clip de « La politique », l'homme québécois…

_____ s'identifie comme séparatiste

_____ n'est pas séparatiste

_____ ne s'intéresse pas à l'histoire des efforts de souveraineté

_____ conseille aux gens de voir les films d'un cinéaste séparatiste

_____ conseille aux gens de boycotter les films séparatistes

06.22 Vidéo : structures (le futur et le futur antérieur) _Voici un résumé de l'interview du Chapitre 6. Après avoir regardé la vidéo, répondez aux questions suivantes. Attention à la conjugaison des verbes au_ **futur** _ou au_ **futur antérieur**.

1. Si Thierry retourne à la Martinique cette année, que fera-t-il ?

_____

_____

_____

2. Comment Thierry sera-t-il informé au moment des prochaines élections françaises ? Que fera-t-il ?

_____

_____

_____

3. Thierry terminera son doctorat l'année prochaine. Qu'est-ce qu'il aura déjà fait avant de recevoir son diplôme ?

_____

_____

_____

Nom : _____   Date : _____

06.23 Vidéo : structures (les pronoms d'objet et les pronoms adverbiaux) *Après avoir regardé la vidéo, indiquez si ce sont des phrases que Thierry a dit (**vrai**) ou n'a pas dit (**faux**). Ensuite, choisissez le **pronom d'objet** ou le **pronom adverbial** qui convient.*

MODÈLE : Thierry est né <u>à Paris</u>. → **C'est <u>faux</u>, Thierry n'y est pas né.**

1. Les montagnes et les mornes donnent un sentiment d'immensité <u>à cette île</u>.

   —C'est [vrai, faux], les mornes [lui, y] donnent un sentiment d'immensité.

2. Il adore transmettre sa langue et sa culture <u>à ses étudiantes</u>.

   —C'est [vrai, faux], il adore [les, leur] transmettre sa langue et sa culture.

3. S'il retourne <u>à la Martinique</u>, c'est pour voir <u>les membres de sa famille</u>.

   —C'est [vrai, faux], s'il [y, lui] retourne, c'est pour [leur, les] voir.

4. Il mangera <u>les plats américains</u> dans les restaurants de Fort-de-France.

   —C'est [vrai, faux], il ne/n' [y, les] mangera pas dans les restaurants de Fort-de-France.

5. Il s'intéresse <u>à la politique américaine</u> parce qu'elle influence <u>le monde</u>.

   —C'est [vrai, faux], il se/s'[lui, y] intéresse parce qu'elle [l', en] influence.

6. Le mouvement d'indépendance martiniquais est utile <u>aux politiciens français</u>.

   —C'est [vrai, faux], le mouvement d'indépendance martiniquais ne [les, leur] est pas utile.

06.24 Vidéo : vocabulaire *Lisez les citations suivantes et puis donnez un **synonyme**, un **exemple** ou une **définition en français** des mots de vocabulaire en caractères gras.*

1. « J'adore **être informé** et… d'avoir toutes les **données** pour pouvoir **argumenter** mes **positions politiques**. »

   être informé(e) : _____

   les données : _____

   argumenter : _____

   une position politique : _____

2. « Les dernières **élections** étaient sur le **référendum** pour avoir une **constitution** européenne… Beaucoup de **Français** ont l'impression de ne pas **bénéficier** de l'Europe unie. »

   les élections : _____

   un référendum : _____

   une constitution : _____

   les Français : _____

   bénéficier : _____

3. « Le **mouvement** d'indépendance à la Martinique… est **minoritaire**, mais ce que les **indépendantistes** essaient de faire, c'est de montrer certains **abus**… C'est un mouvement qui est très **utile** pour la politique des Antilles. »

   un mouvement (politique) : _____

   minoritaire : _____

   les indépendantistes : _____

   les abus : _____

   utile : _____

06.25 Vidéo : culture *Réfléchissez à l'interview avec Thierry et aux images de la Martinique que vous avez vues dans cette vidéo. Ensuite, répondez aux questions personnelles.*

1. Les Martiniquais, étant citoyens de France et donc de l'Union européenne, peuvent voter aux élections françaises et européennes, mais Thierry dit qu'il ne vote pas beaucoup. À votre avis, pourquoi les Martiniquais sont-ils peut-être moins intéressés à la politique européenne et plus intéressés à la politique antillaise ? Croyez-vous qu'ils aient raison ? Expliquez.

   _____

   _____

   _____

2. Thierry parle de « l'immensité » de cette petite île antillaise, et la représentation littéraire de cet espace géographique, historique et imaginaire est même le sujet de sa thèse de doctorat. À votre avis, d'où vient cette idée de l'immensité de la culture martiniquaise ? La trouvez-vous immense ? Pourquoi ou pourquoi pas ?

   _____

   _____

   _____

3. Thierry parle de son identité martiniquaise et il relie cette identité à sa famille, à la cuisine antillaise, à la langue française et à l'environnement de l'île. Il ne parle pas de son identité en tant que citoyen français. Pourquoi ? Avez-vous une identité culturelle minoritaire aux États-Unis ? Par exemple, avez-vous une identité reliée à la culture de vos ancêtres (mexicaine, italienne, africaine, brésilienne, etc.) ou une identité régionale (californienne, texane, du Sud, de la Nouvelle-Angleterre, etc.) ? Si non, pourquoi pas ? Si oui, comment décririez-vous votre identité ?

   _____

   _____

   _____

   _____

7 À la maison au Sénégal

Pour réviser

Pour réviser

■ *Activités orales*

07.01 Comment dire : se plaindre *Quand elle est à Dakar, sa ville natale, Aissatou Thibodeau sort souvent afin de rendre visite à des amis et des parents. Un jour, elle va chez sa cousine où tout le monde boit du thé et se plaint de sa vie. Écoutez chaque plainte. Indiquez le sujet de la plainte et puis indiquez si la réaction à la plainte est une réaction compréhensive ou sans compassion.*

MODÈLE : Vous entendez : « Il y a des animaux dans mon jardin qui mangent toutes mes belles plantes. Mais ce n'est pas possible !
—Écoute, tu exagères ! La vie, c'est comme ça. »

Problème : a. des animaux mangent les plantes de son jardin
　　　　　　 b. ses animaux se sont échappés du jardin
Réaction : a. compréhensive
　　　　　　 b. sans compassion
Vous choisissez : a. des animaux mangent les plantes de son jardin
Vous choisissez : b. sans compassion

1.

Problème : **a.** sa maison est trop vieille
　　　　　　 b. sa maison est trop petite
Réaction : **a.** compréhensive
　　　　　　 b. sans compassion

2.

Problème : **a.** son fils a perdu aux échecs
　　　　　　 b. son fils n'a pas trouvé des coquilles à la plage
Réaction : **a.** compréhensive
　　　　　　 b. sans compassion

3.

Problème : **a.** elle ne peut pas dormir à cause
　　　　　　　　 des hyènes
　　　　　　 b. des hyènes sont entrés dans sa maison de campagne
Réaction : **a.** compréhensive
　　　　　　 b. sans compassion

4.

Problème : **a.** son nouveau canapé n'est pas la bonne couleur
　　　　　　 b. son nouveau canapé n'est pas encore arrivé à la maison
Réaction : **a.** compréhensive
　　　　　　 b. sans compassion

🔊 **07.02 Comment dire : faire des reproches** *Rentrée chez elle, Aissatou se souvient de la conversation animée chez ses parents. Il y en avait qui se plaignaient sans cesse et il y en avait d'autres qui leur faisaient des reproches. Voici quelques phrases qu'elle y a entendues. Écoutez et indiquez si la phrase est une plainte ou bien si ce sont des reproches qu'on fait à quelqu'un.*

MODÈLE : Vous entendez : « Mais de quoi te mêles-tu ? Occupe-toi de tes affaires ! »
Vous choisissez : b. des reproches

1. **a.** une plainte
   b. des reproches

2. **a.** une plainte
   b. des reproches

3. **a.** une plainte
   b. des reproches

4. **a.** une plainte
   b. des reproches

5. **a.** une plainte
   b. des reproches

6. **a.** une plainte
   b. des reproches

🔊 **07.03 Comment dire : exprimer le regret (dictée)** *Voici un extrait d'une lettre qu'Aissatou écrit à son fils à la Martinique. Vous allez entendre le paragraphe trois fois. La première fois, écoutez attentivement. La deuxième fois, le paragraphe sera lu plus lentement. En écoutant, écrivez chaque phrase exactement comme vous l'entendez. La troisième fois, écoutez encore en relisant ce que vous avez écrit pour vérifier votre transcription.*

_____

_____

_____

_____

_____

_____

_____

_____

_____

_____

07.04 Comment dire : où j'aimerais habiter *Vous parlez avec des amis francophones qui veulent savoir où vous aimeriez habiter à l'avenir. Pensez à cet endroit et décrivez-le pour vos amis. N'oubliez pas les éléments suivants :*

1. *une description de l'endroit (urbaine, rurale, etc.)*

2. *une description de votre logement (appartement, maison, etc.)*

3. *une description de l'environnement autour de chez vous (animaux, plantes, arbres, etc.)*

■ *Activités écrites*

07.05 **Vocabulaire : l'écologie et la vie domestique** *Pendant leur séjour à Dakar, Claire et Jean-Louis profitent du beau temps afin de visiter quelques lieux touristiques. Voici quelques expressions qu'ils entendent au cours de leur visite. Faites correspondre chaque expression avec la liste de mots que vous associez à ces expressions.*

_____ **1.** le climat désertique	**a.** du sable, un requin, un palmier
_____ **2.** un beau jardin	**b.** des éléphants, des giraffes, des lions
_____ **3.** un village au bord de la mer	**c.** du sable, des vautours, des serpents
_____ **4.** un safari	**d.** un fauteuil, un canapé, des rideaux
_____ **5.** une cuisine bien équipée	**e.** des tournesols, des papillons, des coquelicots
_____ **6.** un salon luxueux	**f.** un four, une table, un lave-vaisselle

07.06 **Structures : les prépositions** *Décrivez votre chambre en détail. Faites attention à l'usage des prépositions !*

_____

_____

_____

_____

_____

_____

_____

_____

_____

_____

_____

_____

07.07 Structures : le conditionnel et le conditionnel passé *Aissatou parle de sa vie et de sa famille. Mettez les verbes entre parenthèses au* **conditionnel** *ou au* **conditionnel passé.**

AISSATOU : André et moi, nous nous sommes rencontrés à Paris où tous les deux, nous faisions des études universitaires. Je n'avais jamais l'intention de quitter Dakar, mais nous sommes tombés amoureux l'un de l'autre et nous avons dû prendre une décision. Si André avait trouvé un emploi, nous (rester) (1) _____ à Paris, mais son père voulait qu'il travaille avec lui. Donc, nous nous sommes installés à Schœlcher. J' (vouloir) (2) _____ rester à Paris ou bien retourner à Dakar, mais la décision était prise ! Je me suis adaptée facilement à la culture antillaise et nous avons eu trois enfants, des garçons. J' (aimer) (3) _____ une fille, mais nous étions contents d'avoir trois enfants qui sont devenus des hommes respectables et prospères. L'aîné, Jacques, est le maire de Schœlcher et les deux autres ont suivi le chemin de leur père. Maintenant qu'André a plus de temps libre, nous pouvons voyager et passer du temps ici à Dakar. Nous (vouloir) (4) _____ passer six mois ici et six mois là-bas, mais André (ne … pas / pouvoir) (5) _____ se libérer pour six mois. Ce (être) (6) _____ bien si mes fils pouvaient venir ici plus souvent aussi. Leurs enfants (s'amuser) (7) _____ bien avec leurs cousins sénégalais et tout le monde (avoir) (8) _____ le temps de se reposer et de se connaître. Mais que voulez-vous ? La vie n'est pas comme ça ! Il faut qu'on travaille et qu'on gagne sa vie.

07.08 Structures : le conditionnel et le conditionnel passé *Que feriez-vous si on vous offrait un emploi à Dakar qui commencerait le lendemain du jour où vous recevriez votre diplôme universitaire ? C'est l'emploi de vos rêves avec un bon salaire. Imaginez ce scénario et écrivez vos réponses aux questions suivantes.*

1. Comment prendriez-vous cette décision ? À qui parleriez-vous ? Quelles questions poseriez-vous ?

_____

_____

_____

_____

2. Accepteriez-vous l'emploi ? Pourquoi ou pourquoi pas ?

_____

_____

_____

3. Disons que vous décidez d'accepter l'emploi. Partiriez-vous seul(e) ou avec quelqu'un ? Comment trouveriez-vous un appartement à Dakar ?

_____

_____

_____

_____

4. Vous vous installez à Dakar, mais vos amis aux États-Unis vous manquent. Combien de fois par an retourneriez-vous en Amérique ? Que feriez-vous pendant ces séjours ?

_____

_____

_____

5. Bien sûr, vous voulez inviter des gens à Dakar. Qui inviteriez-vous ? Que feriez-vous lors de leur visite ?

_____

_____

_____

07.09 Vous rappelez-vous ? les verbes _manquer et plaire_ _Imaginons que vous travaillez à Dakar et que vous rencontrez d'autres étrangers qui parlent de leurs expériences au Sénégal. Bien sûr, il y a des choses qui leur manquent et des choses qui leur plaisent. Faites des phrases afin d'exprimer les idées suivantes en employant les verbes_ **manquer** _et_ **plaire**.

MODÈLE : le soleil / plaire / à Jean-Louis
　　　　　a. Le soleil lui plaît.　**b.** Jean-Louis lui plaît.　**c.** Le soleil nous plaît.
　　　　　Vous choisissez : **a.** Le soleil lui plaît.

1. les hamburgers / manquer / à nous
　a. Nous les manquons.
　b. Ils nous manquent.
　c. On leur manque.

2. la neige / ne pas manquer / à Claire
　a. Claire ne lui manque pas.
　b. La neige ne lui manque pas.
　c. La neige ne se manque pas.

3. l'architecture / plaire / à toi
　a. Elle me plaît.
　b. Tu me plaît.
　c. Elle te plaît.

4. tu / manquer / à tes amis
　a. Ils te manquent.
　b. Tu te manques.
　c. Tu leur manques.

5. les marchés en plein air / plaire / à vous
　a. Ils vous plaisent.
　b. Vous leur plaisez.
　c. Vous en plaisez.

6. notre famille / manquer / à nous
　a. Notre famille leur manque.
　b. Notre famille nous manque.
　c. Nous lui manquons.

07.10 Recyclons ! les pronoms compléments d'objet et les pronoms adverbiaux *Nous posons des questions à Claire, à propos de la vie qu'elle aurait si elle habitait à Dakar. Lisez les questions et les réponses et complétez les phrases en choisissant un pronom complément d'objet ou un pronom adverbial de la liste !*

1. Iriez-vous souvent <u>à la plage</u> ?

   —Oui, je/j' [y, en, lui] irais souvent !

2. Auriez-vous encore <u>une maison</u> au Québec ?

   —Oui, je/j' [y, en, les] aurais encore une au Québec.

3. Parleriez-vous de la culture québécoise <u>à vos nouveaux collègues</u> ?

   —Oui, je/j'[en, les, leur] parlerais de mon pays natal.

4. Enverriez-vous <u>des cadeaux sénégalais</u> à votre famille ?

   —Non. Je ne leur [en, y, les] enverrais pas. Ça coûte trop cher !

5. Aimeriez-vous visiter <u>d'autres pays africains</u> ?

   —Oui, j'aimerais [les, en, y] visiter… peut-être la Côte d'Ivoire et le Mali.

6. Auriez-vous apporté <u>vos livres français</u> à Dakar ?

   —Bien sûr ! Je [leur, vous, les] apporte avec moi toujours !

07.11 Recyclons ! le futur et le futur antérieur *Après un long séjour à Dakar, vous vous préparez pour le retour chez vous. Vous imaginez le jour de votre départ et vous parlez de ce que vous aurez déjà fait à Dakar et de ce que vous ferez chez vous. Formez des phrases en mettant les verbes au* **futur** *ou au* **futur antérieur***.*

MODÈLE : je / prendre l'avion / acheter mon billet

   Le jour de mon départ, je <u>prendrai</u> l'avion. J'<u>aurai acheté</u> mon billet.

1. je / se lever tôt / faire mes valises

   Je _____ tôt. Je/J' _____ mes valises.

2. mes amis / ne pas m'accompagner à l'aéroport / me dire « au revoir » le soir avant

   Mes amis _____ à l'aéroport. Ils me/m'_____ « au revoir »
   le soir avant.

3. le douanier / laisser passer / inspecter mes bagages

   Le douanier me _____ passer. Il _____ mes bagages.

4. je / acheter des souvenirs de Dakar à l'aéroport / ne pas en acheter en ville

   Je/J' _____ des souvenirs de Dakar à l'aéroport. Je _____ en ville.

5. ma famille / venir me chercher à l'aéroport aux États-Unis / recevoir une carte postale de moi

   Ma famille _____ me chercher à l'aéroport aux États-Unis. Ils _____
   une carte postale de moi.

6. nous / regarder des photos de mon voyage / rentrer chez nous

   Nous _____ des photos de mon voyage. Nous _____ chez nous.

07.12 Recyclons ! la négation *Votre vol s'arrête à Paris pour embarquer de nouveaux passagers. Des enfants français, assis près de vous, vous posent beaucoup de questions à propos de votre voyage en Afrique. Vous répondez au* **négatif***. Employez une expression négative de la liste suivante. Vous n'allez pas utiliser toutes les expressions.*

pas encore, plus, ni, ni, jamais, rien, personne, aucun

1. Est-ce qu'il y a des lions *et* des giraffes à Dakar ?

   —Mais non, il n'y a _____ lions _____ giraffes à Dakar. Ces animaux ne se trouvent pas en ville !

2. Est-ce que *tout le monde* a parlé anglais avec vous ?

   —Non, _____ ne m'a parlé en anglais. J'ai parlé français avec tout le monde… pas un seul mot d'anglais ! C'était fantastique !

3. Est-ce que vous aviez *déjà* visité l'Afrique avant de faire ce voyage ?

   —Non, je n'avais _____ visité l'Afrique. C'était mon premier voyage au continent africain.

4. Est-ce que vous nous parlerez *encore* des animaux africains ?

   —Désolé(e), mais je ne peux _____ parler de mon voyage maintenant. Je suis très fatigué(e) et j'ai envie de dormir un peu. D'accord ?

07.13 Culture : quiz culturel *Que savez-vous déjà ? Répondez aux questions suivantes en choisissant la meilleure réponse.*

1. La capitale du Sénégal est...
   a. Saint-Louis
   b. Dakar
   c. Gorée
   d. Senghorville

2. Les langues officielles du Sénégal sont le français et...
   a. l'anglais
   b. l'arabe
   c. l'africain
   d. le wolof

3. La religion majoritaire au Sénégal est...
   a. l'animisme
   b. le catholicisme
   c. l'islam
   d. le vaudou

4. Les Français ont commencé à coloniser l'Afrique occidentale vers la fin du...
   a. 16ème siècle
   b. 17ème siècle
   c. 18ème siècle
   d. 19ème siècle

5. Qui était le premier président du Sénégal ?
   a. Léopold Sédar Senghor
   b. Napoléon III
   c. Aimé Césaire
   d. Biragio Diop

6. Lequel n'est pas un problème au Sénégal aujourd'hui ?
   a. le chômage
   b. la discrimination contre les femmes
   c. la diversité culturelle
   d. l'analphabétisme

7. Lequel n'est pas un arbre qu'on trouverait au Sénégal ?
   a. le sapin
   b. le papayer
   c. le cocotier
   d. le baobab

8. Lequel des animaux suivants ne vit pas dans l'océan atlantique ?
   a. le renard
   b. le requin

   c. le phoque
   d. la baleine

9. Une grande fleur jaune avec un centre noir et des pépins (*seeds*) mangeables est...
   a. la bougainvillée
   b. le houx
   c. le tournesol
   d. la rose

10. Claire adore les masques africains. Alors...
    a. elle leur manque
    b. elle leur plaît
    c. ils lui manquent
    d. ils lui plaisent

11. Quand on veut des vêtements propres, on doit...
    a. faire la vaisselle
    b. faire la lessive
    c. épousseter
    d. passer l'aspirateur

12. Dans un salon élégant, on ne trouverait pas de/d'...
    a. canapé
    b. moquette
    c. fauteuil
    d. évier

13. Un verre fabriqué de plastique, qu'on utilise normalement pour boire du vin, et qui est rempli de vin est...
    a. un verre à vin
    b. un verre de vin
    c. un verre en plastique
    d. toutes ces réponses sont possibles

14. Pour reprocher à quelqu'un une faute, on ne pourrait *pas* dire...
    a. Pour qui te prends-tu !
    b. N'exagérons pas !
    c. J'aurais dû te le dire !
    d. Tu aurais pu me le dire !

15. Le contraire de « devant la maison » est...
    a. dans la maison
    b. hors de la maison
    c. derrière la maison
    d. au-dessus de la maison

07.14 Culture : comparaisons *En Afrique de l'ouest, le baobab est un arbre qui est associé à la culture et à la vie spirituelle de plusieurs groupes ethniques africains. Pouvez-vous penser à un phénomène semblable dans votre culture ? Y a-t-il quelque chose dans votre environnement qui est important à votre culture ? Décrivez le rôle de cette chose dans votre culture et comparez-le au rôle du baobab dans les cultures africaines.*

_____

_____

_____

_____

_____

_____

_____

_____

_____

_____

07.15 Littérature : suite *Une si longue lettre* de Miriama Bâ *Imaginez comment serait le dîner à Sangalkam, avec de l'agneau grillé et des fruits exotiques, où les personnes invitées se plaignent de leurs vies stressées à Dakar et s'émerveillent des beautés de la nature. Évidemment, ils regrettent de ne pas pouvoir passer plus de temps à la campagne. Imaginez un petit dialogue entre deux personnages.*

_____

_____

_____

_____

_____

_____

_____

_____

_____

_____

_____

_____

_____

_____

_____

_____

_____

_____

_____

_____

_____

_____

_____

■ *Activités audiovisuelles*

07.16 Avant de regarder : que savez-vous déjà ? *Que savez-vous déjà du Sénégal ? Avant de regarder la vidéo, terminez les phrases en choisissant la bonne réponse.*

1. Le Sénégal se trouve en Afrique [du nord, du sud, de l'est, de l'ouest].

2. Le Sénégal est une [monarchie, république, confédération, colonie] depuis 1960.

3. Le wolof est [une langue africaine, une religion, une personne, une fleuve].

4. La culture sénégalaise a été influencé par les Français, qui ont colonisé cette terre, et les [Anglais, Américains, Arabes] qui y ont répandu la religion que la majorité des Sénégalais pratiquent aujourd'hui.

5. L'animal qui symbolise le Sénégal est le lion, lorsque l'arbre qui symbolise le Sénégal, c'est [le cocotier, le cérisier, le sapin, le baobab].

07.17 Avant de regarder : vocabulaire *Connaissez-vous les mots suivants ? Lisez les paragraphes suivants et essayez de comprendre le sens des mots en caractères gras (que vous allez entendre dans l'interview). Ensuite, répondez aux questions en choisissant la réponse la plus logique.*

1. Un **être** humain, c'est un homme ou une femme. L'**être** humain est une créature complexe. Il a une psychologie, une physionomie, une langue et une culture. Donc, étudier l'**être** en soi (c'est-à-dire, l'individuel), n'est pas facile. L'**être** humain a besoin de beaucoup de choses pour rester en bonne santé. Une chose essentielle pour l'être humain c'est quoi ?
   a. la télévision
   b. la nourriture
   c. une belle voiture

2. Normalement, on ne peut pas **prévoir** les événements de l'avenir. On peut prédire en analysant les probabilités, mais l'être humain n'a pas la capacité de **prévoir** ce qui se passera. Pourtant, si on croit à la **destinée**, on croit que chaque individu a un avenir **prévu**. Il ne reste qu'à l'individu de découvrir cette **destinée prévue** par un être plus puissant. D'autres pensent que la **destinée** est créée par l'individu, par les choix qu'il/elle fait dans la vie. Claire croit que sa **destinée** est de faire quoi ?
   a. trouver le manuscrit de Laclos et devenir professeur de français
   b. apprendre le two-step et devenir danseuse en Louisiane
   c. vendre des maisons au Sénégal et devenir riche

3. Nous, les Américains, on a beaucoup de choix. Si on n'aime pas un restaurant, on peut aller dîner **ailleurs**. Il y a toujours d'autres restaurants à essayer. Si on déteste son appartement, on peut aller vivre **ailleurs**. Il y a d'autres villes et villages, d'autres immeubles et d'autres types d'appartements. Si on veut se changer d'idées, on peut aller découvrir une ville ou un paysage **ailleurs**. Si vous habitez en Afrique, vous devez aller **ailleurs** pour voir quoi ?
   a. les giraffes
   b. la neige
   c. les films français

4. Un conte de **fées**, c'est un conte fantastique qu'on raconte aux enfants. Il y a souvent une princesse et un prince, un château et des domestiques, un beau jardin et une belle carosse. Parfois, il y a un événement ou un personnage méchant, mais il y a aussi des **fées** (des créatures fantastiques qui aident les êtres humains à surmonter leurs problèmes avec de la magique), et à la fin du conte, tout finit bien et les gens sont heureux. Lequel est le titre d'un conte de **fées** français qui est très connue ?
   a. Hänsel et Gretel
   b. Aladdin et la lampe magique
   c. La Belle et la Bête

5. À l'**aube**, le coq chante pour annoncer le commencement d'une nouvelle journée. Le crépuscule, c'est la fin de la journée quand le soleil se couche. Alors, à l'**aube**, c'est le moment où ?
   a. le soleil se lève
   b. on peut voir la lune et les étoiles
   c. on mange le dîner

6. Quand on **déménage**, on change de logement. On prend ses affaires et on quitte un appartement ou une maison pour aller vivre dans un autre appartement ou maison. **Déménager** n'est pas facile et c'est parfois coûteux. Pourtant, quand on **déménage**, c'est pour une bonne raison. Une raison pour **déménager**, c'est quoi ?
   a. à cause d'un changement de travail
   b. parce qu'on a besoin d'une plus grande maison
   c. les deux réponses précédentes sont bonnes

Nom : _____   Date : _____

07.18 Vidéo : profil personnel *Regardez l'interview du Chapitre 7 de votre vidéo « Points de vue » et puis indiquez si les phrases suivantes sur l'intervenant que vous venez de rencontrer sont vraies ou fausses.*

1. Assata est de Dakar.   vrai   faux

2. Assata parle seulement le français et le wolof.   vrai   faux

3. Assata a fait des études en littérature.   vrai   faux

4. Assata travaille comme professeur de français aux États-Unis. vrai   faux

5. Assata est catholique.   vrai   faux

6. La famille d'Assata ne lui manque pas du tout.   vrai   faux

07.19 Vidéo : compréhension *Après avoir regardé le Chapitre 7 de la vidéo, répondez aux questions suivantes en indiquant tout ce qui est vrai.*

1. Assata dit qu'elle…

   _____ a grandi à Dakar   _____ est musulmane

   _____ est mariée   _____ parle six langues

   _____ est professeur d'anglais

2. Assata dit qu'elle parle…

   _____ anglais   _____ français

   _____ arabe   _____ wolof

   _____ bambara   _____ toucouleur

   _____ sérère   _____ mindigue

   _____ créole   _____ diola

   _____ d'autres langues africaines

3. En parlant des raisons pour lesquelles elle est venue aux États-Unis, Assata mentionne…

   _____ la destinée   _____ l'économie

   _____ l'éducation   _____ la famille

4. En parlant de son appartement aux États-Unis, Assata mentionne…

   _____ la nature   _____ un salon

   _____ une cuisine   _____ une toilette

   _____ une salle à manger   _____ un balcon

   _____ un garage

5. En parlant de sa maison familiale au Sénégal, elle mentionne…

   _____ sa chambre   _____ sa famille

   _____ les rires   _____ le salon

   _____ la cuisine   _____ le jardin

   _____ l'amour

6. Quand Assata parle des animaux domestiques au Sénégal, elle mentionne...

_____ les coqs   _____ les poules

_____ les chevaux   _____ les moutons

_____ les singes   _____ les chèvres

_____ les vaches   _____ les cochons

7. En parlant du climat sénégalais, elle parle des eaux qu'on trouve dans ce pays, comme...

_____ l'océan   _____ la mer

_____ les lacs   _____ les fleuves

_____ les chutes (*waterfalls*)   _____ les rivières

8. Dans le premier clip de « L'environnement », quels sont les désavantages de la vie urbaine que Smaïn décrit...

_____ les opportunités culturelles et sportives

_____ la communauté de gens

_____ le bruit

_____ la pollution

_____ le crime

_____ la tranquillité

9. Dans le deuxième clip de « L'environnement », Donald parle de la Suisse et il mentionne...

_____ les lacs   _____ les Alpes

_____ les océans   _____ les forêts

_____ les déserts   _____ les pâturages

_____ les châteaux   _____ les autoroutes

_____ les vieilles maisons

10. Dans le troisième clip, Thierry parle de la Martinique et il mentionne...

_____ la mer   _____ les plages

_____ le volcan   _____ la forêt tropicale

_____ les mornes

📽 07.20 Vidéo : structures (le conditionnel passé) *Voici un résumé de l'interview du Chapitre 7. Après avoir regardé la vidéo, terminez le paragraphe en mettant les verbes entre parenthèses au* **conditionnel passé**.

Si Assata n'avait pas lu la citation « connais-toi, toi-même », elle (ne … jamais / étudier)
(1) _____ la littérature africaine et elle (ne … pas / s'intéresser)
(2) _____ aux civilisations européennes. Si elle n'était pas venue aux État-Unis, elle
(enseigner) (3) _____ au Sénégal. Si elle avait aimé son appartement à Boston, elle y
(rester) (4) _____. Elle préfère la simplicité de son appartement dans la banlieue. Si elle
avait eu plus d'argent, elle (pouvoir) (5) _____ louer une belle maison avec un beau
jardin. Mais elle est contente d'être plus près de la nature.

📽 07.21 Vidéo : vocabulaire *Répondez aux questions suivantes d'après ce que vous avez entendu et ce que vous avez vu dans la vidéo.*

1. Assata décrit son appartement aux États-Unis. Quelles salles est-ce qu'elle mentionne ? Voudriez-vous habiter dans cet appartement ?

   _____

   _____

2. Quels sont les animaux qu'on trouve à la maison au Sénégal, d'après Assata ? Quels animaux se trouvent dans votre maison ?

   _____

   _____

3. Smaïn compare la vie au petit village à la vie urbaine en Algérie. Quels sont les avantages de la vie au petit village ?

   _____

   _____

4. Donald décrit la Suisse comme « pittoresque ». Est-ce que votre région est pittoresque ? Pourquoi ou pourquoi pas ?

   _____

   _____

5. Comment est-ce que Thierry décrit la Martinique ? Voudriez-vous y aller pour les vacances d'hiver ?

   _____

   _____

07.22 Vidéo : culture *Réfléchissez à l'interview avec Assata et aux images du Sénégal que vous avez vues dans cette vidéo. Ensuite, répondez aux questions personnelles.*

1. Assata dit que les animaux, les eaux et la nature sont tous une partie de la vie de l'être humain au Sénégal. À votre avis, d'où vient cette philosophie de la vie ? Croyez-vous que les Américains aient perdu ce rapport spirituel avec la nature ? Expliquez.

   _____

   _____

   _____

   _____

2. Avez-vous remarqué que quand Assata a décrit sa maison au Sénégal, elle n'a pas parlé des salles ou des meubles ou même du bâtiment ? Elle a parlé des sentiments de fraternité et d'amour qu'elle ressent quand elle y pense. Pourquoi ? Si on vous avait demandé de décrire votre maison, auriez-vous parlé de vos sentiments ou l'auriez-vous décrite physiquement ? Expliquez.

   _____

   _____

   _____

   _____

3. Quand Assata parle de ses études, elle cite un écrivain sénégalais qui a conseillé : « connais-toi, toi-même ». Comment a-t-elle interprété cette citation ? Croyez-vous que ce soit une bonne manière de connaître le monde ? Expliquez.

   _____

   _____

   _____

   _____

Un tableau suisse

Pour réviser

■ *Activités orales*

08.01 Comment dire : apprécier et critiquer

08.02 Comment dire : s'opposer à quelqu'un / quelque chose

08.03 Comment dire : établir une hypothèse (dictée)

08.04 Comment dire : mon cours préféré

■ *Activités écrites*

08.05 Vocabulaire : les arts

08.06 Structures : le comparatif

08.07 Structures : le superlatif

08.08 Structures : les phrases de condition

08.09 Structures : les phrases de condition

08.10 Vous rappelez-vous ? les verbes irréguliers au présent

08.11 Recyclons ! le subjonctif et le subjonctif passé

08.12 Recyclons ! le passé composé, l'imparfait, le plus-que-parfait

08.13 Recyclons ! les adjectifs descriptifs

08.14 Recyclons ! les adjectifs et pronoms démonstratifs

08.15 Culture : quiz culturel

08.16 Culture : comparaisons

08.17 Littérature : suite

■ *Activités audiovisuelles*

08.18 Avant de regarder : que savez-vous déjà ?

08.19 Avant de regarder : vocabulaire

08.20 Vidéo : profil personnel

08.21 Vidéo : compréhension

08.22 Vidéo : structures (les phrases de condition)

08.23 Vidéo : structures (le superlatif)

08.24 Vidéo : vocabulaire

08.25 Vidéo : culture

Pour réviser

■ *Activités orales*

🔊 **08.01 Comment dire : apprécier et critiquer** *Vous êtes dans un grand musée d'art aux États-Unis où vous voyez un groupe de touristes suisses francophones. Vous écoutez lorsqu'ils parlent des œuvres d'art. Voici quelques phrases que vous entendez. Écoutez et indiquez si la phrase exprime une opinion favorable ou non favorable envers l'œuvre en question.*

MODÈLE : Vous entendez : « Regarde cette peinture. C'est éblouissant d'originalité ! »
            Vous choisissez : a. opinion favorable

1. **a.** opinion favorable
   b. opinion non favorable

2. **a.** opinion favorable
   b. opinion non favorable

3. **a.** opinion favorable
   b. opinion non favorable

4. **a.** opinion favorable
   b. opinion non favorable

5. **a.** opinion favorable
   b. opinion non favorable

6. **a.** opinion favorable
   b. opinion non favorable

🔊 **08.02 Comment dire : s'opposer à quelqu'un / quelque chose** *Un des touristes est très opiniâtre. Sa femme n'est pas d'accord avec son appréciation des œuvres et s'oppose à son opinion. Écoutez lorsque le touriste donne son opinion, et sa femme dit le contraire. Terminez les phrases de la femme en écrivant l'expression que vous entendez.*

MODÈLE : Vous entendez : « Ce tableau est plus beau que celui de Monet.
            —Au contraire, celui de Monet est plus beau que ce tableau. »
            Vous écrivez : _____*Au contraire*_____, celui de Monet est plus beau que ce tableau.

1. _____, celle de Rodin est moins bien tournée que celle-ci.

2. _____, Van Gogh a moins d'imagination que ce peintre.

3. _____, je trouve que l'impressionnisme est beaucoup plus intéressant que le surréalisme.

4. _____ ? Celle de Monet est bien moins touchante que celle de Lemieux.

5. _____ ! Les musées américains sont plus intéressants que les musées européens.

🔊 **08.03 Comment dire : établir une hypothèse (dictée)** *Voici un extrait d'une carte postale qu'un des touristes suisses a écrite à son ami genevois. Vous allez entendre le paragraphe trois fois. La première fois, écoutez attentivement. La deuxième fois, le paragraphe sera lu plus lentement. En écoutant, écrivez chaque phrase exactement comme vous l'entendez. La troisième fois, écoutez encore en relisant ce que vous avez écrit pour vérifier votre transcription.*

_____

_____

_____

_____

_____

_____

_____

_____

_____

_____

_____

_____

_____

_____

_____

_____

_____

_____

08.04 Comment dire : mon cours préféré *Vos nouveaux amis suisses veulent savoir plus de vos études. Ils veulent savoir quel cours vous préférez le plus en ce moment. Décrivez votre cours préféré et n'oubliez pas de parler des choses suivantes :*

1. une description du contenu du cours et aussi du professeur

2. pourquoi vous aimez ce cours

3. une comparaison entre ce cours et un cours que vous n'aimez pas

4. ce que vous ferez si vous ne réussissez pas à ce cours

■ *Activités écrites*

08.05 Vocabulaire : les arts *Pendant leur séjour aux États-Unis, les touristes suisses visitent beaucoup de musées. Voici quelques expressions qu'ils entendent au cours de leur visite. Faites correspondre les mots qu'on associe aux expressions avec l'expression.*

_____ 1. un paysage
_____ 2. une exposition
_____ 3. l'impressionnisme
_____ 4. le cubisme
_____ 5. un dessin

a. du papier, des crayons, une esquisse
b. des peintures, un musée, des artistes célèbres, des touristes
c. des montagnes, des fleuves, des maisons, des endroits
d. des émotions, des sentiments, des couleurs vives
e. l'abstraction, la géométrie, la forme

08.06 Structures : le comparatif *Vous discutez avec les touristes suisses dans le café du musée. Ils commencent à comparer leur pays aux États-Unis. Faites des phrases logiques à partir des éléments donnés. N'oubliez pas de faire l'accord entre nom et adjectif. Utilisez le **comparatif**.*

MODÈLE : la Suisse / les États-Unis : grand
La Suisse est moins grande que les États-Unis.

1. les fromages suisses / les fromages américains : bon

_____

2. les femmes suisses / les femmes américaines : s'habiller bien

_____

3. le ski aux Alpes / le ski aux Montagnes Rocheuses (*the Rockies*) : amusant

_____

4. le lac Léman / les Grands Lacs : pittoresque

_____

5. les maisons suisses / les maisons américaines : vieux

_____

08.07 Structures : **le superlatif** *Les Suisses commencent à faire l'éloge de leur pays et parlent en phrases superlatives. Faites des phrases logiques à partir des éléments donnés. N'oubliez pas de faire l'accord entre nom et adjectif. Utilisez le* **superlatif**.

MODÈLE : le Jet d'eau / site touristique / original
   Le Jet d'eau est le site touristique le plus original du monde !

1. les Alpes / montagnes / beau

_____

_____

2. le lac Léman / plages / paisible

_____

_____

3. les auteurs suisses / écrire / livres / touchant

_____

_____

4. Genève / ville / propre

_____

_____

5. les banques suisses / banques / bien protégé

_____

_____

08.08 Structures : **les phrases de condition** *Les touristes suisses vous parlent de leur voyage. Le serveur, un Américain qui parle français, intervient dans la conversation. Conjuguez les verbes entre parenthèses à un temps qui convient.*

RODOLPHE : Si nous pouvions, nous (rester) (1) _____ aux États-Unis une semaine de plus. Si notre agent de tourisme ne nous avait pas conseillé de limiter notre voyage à dix jours, nous (décider) (2) _____ de passer trois semaines ici.

JEANNINE : Nous voulons voir tous les sites importants. Ce (être) (3) _____ dommage d'en manquer quelques-uns. Ah ! Si seulement je (savoir) (4) _____ !

RODOLPHE : Mais, il est impossible de tout voir ! Si ce pays était moins grand, ce (être) (5) _____ plus facile ! Mais dites-moi. Si vous étiez à notre place et vous n'aviez qu'une semaine à passer aux États-Unis, où est-ce que vous (aller) (6) _____ ?

LE SERVEUR : Si j'étais à votre place, je (louer) (7) _____ une voiture et je (traverser) (8) _____ le pays d'une côte à l'autre. Si vous faisiez cela, vous (apprendre) (9) _____ beaucoup plus sur notre culture.

RODOLPHE : Mais, c'est impossible. Même si nous avions pensé à louer une voiture, nous (ne … pas / pouvoir) (10) _____ le faire. Nous n'avons pas de permis de conduire !

08.09 Structures : les phrases de condition *Les touristes suisses vous posent des questions. Écrivez vos réponses aux questions suivantes en employant le temps de verbe qui convient.*

1. Si vous étiez à la place de ces ouristes, c'est-à-dire, si vous n'aviez que huit jours pour voyager aux États-Unis, qu'est-ce que vous feriez ? Où iriez-vous ? Pourquoi ?

   _____

   _____

   _____

   _____

2. Si, un jour, vous allez en Suisse, que ferez-vous ? Où irez-vous ?

   _____

   _____

   _____

3. Si vous n'aviez pas décidé d'étudier le français cette année, quelle autre langue auriez-vous aimé apprendre ? Pourquoi ?

   _____

   _____

   _____

08.10 Vous rappelez-vous ? les verbes irréguliers au présent *Au musée où vous avez rencontré les touristes suisses, il y a une exposition d'art vivant : trois peintres qui peignent le même sujet, en même temps, mais de trois styles différents. C'est comme une compétition. Vous y allez avec les Suisses qui décrivent la scène. Choisissez parmi les verbes suivants afin de terminer les phrases et conjuguez les verbes au* **présent**. *Vous pouvez utiliser quelques verbes plus d'une fois.*

peindre, feindre, atteindre, dépeindre

RODOLPHE : Voilà les trois peintres. Ils (1) _____ ce bol de fruits sur la table. Le premier
(2) _____ le bol de fruits avec des couleurs vives et des formes géométriques à
la façon de Picasso. Le deuxième (3) _____ le bol selon le mode surréaliste,
avec des fruits qui fondent comme les montres de Dalí. Le troisième fait semblant d'être un
peintre français. Avec son béret et sa moustache, il (4) _____ d'être un
peintre célèbre comme Monet ou Renoir. Sa peinture (5) _____ le bol de
fruits au style impressionniste. Les trois tableaux sont intéressants, mais un seul peintre sera
le gagnant. Lequel ? Voyons, c'est le deuxième qui (6) _____ la gloire !
La compétition a été très serrée !

08.11 Recyclons ! le subjonctif et le subjonctif passé *Vous continuez de parler de la compétition avec les Suisses. Voici quelques-unes de leurs exclamations. N'oubliez pas qu'on emploie parfois le subjonctif avec des phrases superlatives quand il y a une opinion subjective. Mettez les verbes au* **subjonctif** *ou au* **subjonctif passé.**

1. Ce musée est le musée le plus amusant qui (être) _____ !

2. Cette compétition est la compétition la plus bizarre que je (voir / jamais) _____ !

3. Les États-Unis sont le pays le plus diversifié qu'on (pouvoir) _____ visiter !

4. L'art moderne est le mouvement artistique le moins compréhensible qu'on (inventer / jamais) _____ !

5. Vous êtes la personne la plus sympathique que nous (avoir / jamais) _____ la chance de rencontrer jusqu'ici !

08.12 Recyclons ! le passé composé, l'imparfait, le plus-que-parfait *Ces touristes sont très heureux de faire votre connaissance. Ils vous décrivent ce qui leur est arrivé avant de vous rencontrer au café cet après-midi. Terminez les phrases en choisissant entre le* **passé composé**, *l'*imparfait *ou le* **plus-que-parfait.**

Nous sommes arrivés au musée vers 11h. Il y (1) [a eu, avait, avait eu] une queue à l'entrée du musée et il (2) [a fait, faisait, avait fait] mauvais, mais nous (3) [avons voulu, voulions, avions voulu] vraiment voir cette exposition d'art vivant. Alors, on (4) [a fait, faisait, avait fait] la queue pendant presque une heure. Finalement, ce/c' (5) [a été, était, avait été] le moment d'acheter les billets d'entrée, et Jeannine (6) [s'est aperçue, s'apercevait, s'était aperçue] qu'elle (7) [n'a pas eu, n'avait pas, n'avait pas eu] son portefeuille. Elle la/l'(8) [a laissé, lassait, avait laissé] à l'hôtel ! Alors, nous (9) [sommes retournés, retournions, étions retournés] à l'hôtel pour chercher son portefeuille avant de revenir ici. Heureusement, le jeune homme au guichet, il nous (10) [a vus, voyait, avait vus] plus tôt dans la journée, et il nous (11) [a invités, invitait, avait invités] à dépasser la queue et à entrer directement au musée.

08.13 Recyclons ! les adjectifs descriptifs *Vos nouveaux amis suisses parlent des œuvres qu'ils ont admirés au musée. Aidez-les à ajouter des adjectifs à leurs commentaires. Ajoutez les adjectifs indiqués en faisant tous les changements nécessaires. Attention à la forme et au placement de l'adjectif (avant ou après le nom).*

1. J'ai adoré **la sculpture** à l'entrée ! (ancien, petit)   J'ai adoré la _____ à l'entrée !

2. Quelles **peintures** ! (émouvant, beau)   Quelles _____ !

3. Et quelles **tapisseries** ! (grand, élégant)   Et quelles _____ !

4. Ça c'est une **artiste** ! (imaginatif, bon)   Ça c'est une _____ !

08.14 Recyclons ! les adjectifs et pronoms démonstratifs *Les touristes suisses continuent à parler de leurs préférences. Complétez les phrases en ajoutant un* **adjectif démonstratif** *(ce, cette, etc.) ou un* **pronom démonstratif** *(celui, celle, etc.).*

J'adore (1) _____ musée d'art. (2) _____ exposition d'art vivant est une idée très originale. C'est plus intéressant que (3) _____ que nous avons vue hier à l'autre musée. Entre les deux musées, je préfère (4) _____-ci. Et je trouve que (5) _____ artiste surréaliste est vraiment exceptionnel. Comparez son tableau avec (6) _____ de Dalí ou de Magritte. (7) _____ peinture-ci est un vrai chef-d'œuvre !

08.15 Culture : quiz culturel *Que savez-vous déjà ? Répondez aux questions suivantes en choisissant la meilleure réponse.*

1. Quelle est la capitale de la Suisse ?
   a. Genève
   b. Berne
   c. Lausanne
   d. Zurich

2. La Conféderation helvétique est…
   a. un ancien nom pour la Suisse
   b. le nom des cantons francophones
   c. un autre nom pour la Suisse
   d. le nom des cantons où on parle allemand

3. Laquelle de ces villes n'est pas majoritairement francophone ?
   a. Genève
   b. Neuchâtel
   c. Berne
   d. Lausanne

4. Combien de cantons y a-t-il en Suisse aujourd'hui ?
   a. 10
   b. 22
   c. 26
   d. 50

5. Napoléon Bonaparte s'est nommé empereur de la France en quelle année ?
   a. 1804
   b. 1815
   c. 1834
   d. 1914

6. Napoléon Bonaparte est né sur quelle île ?
   a. la Martinique
   b. la Corse
   c. Haïti
   d. l'île d'Elbe

7. En Suisse, pour dire le chiffre « 75 », on dirait…
   a. soixante-cinq
   b. soixante-quinze
   c. septante-cinquante
   d. septante-cinq

8. Qu'est-ce qu'une « raclette » ?
   a. un plat de fromage fondu
   b. un instrument suisse
   c. un équipement sportif
   d. un type de peinture suisse

9. Lequel de ces mouvements n'est pas un mouvement artistique ?
   a. le romantisme
   b. l'expressionnisme
   c. le colonialisme
   d. l'impressionnisme

10. Une esquisse est une œuvre artistique produite, normalement, en utilisant…
    a. des crayons et du papier
    b. de l'encre et du bois coupé
    c. des aquarelles et du papier
    d. des morceaux de céramique

11. Laquelle des œuvres suivantes n'est pas un tableau ?
    a. les *Nymphéas*
    b. le *Portrait de l'artiste à l'oreille coupée*
    c. le *Penseur*
    d. les *Demoiselles d'Avignon*

12. Magritte est un peintre belge dont l'œuvre est…
    a. impressionniste
    b. expressionniste
    c. symboliste
    d. surréaliste

13. Genève est une ville connue pour…
    a. sa neutralité politique
    b. ses horlogers
    c. ses sièges d'organisations internationales
    d. toutes ces réponses sont valables

14. Pour une fondue on peut utiliser…
    a. du fromage
    b. de la viande
    c. du chocolat
    d. toutes ces réponses sont valables

15. Pour montrer qu'on aime quelque chose, on ne peut *pas* dire…
    a. C'est vraiment frappant !
    b. C'est vraiment moche !
    c. Comme c'est original !
    d. Comme c'est éblouissant !

08.16 Culture : comparaisons *La Suisse est un pays plurilangue. Faites une liste des langues parlées en Suisse et écrivez une ou deux phrases afin d'expliquer pourquoi ces langues y sont parlées. Ensuite, faites une liste des langues parlées aux États-Unis et décrivez pourquoi ces langues y sont parlées. Ensuite, comparez le nombre de langues parlées et les raisons pour lesquelles on les parle dans chacun des deux pays. Quelles sont les différences et comment est-ce que ces différences influencent l'attitude des habitants de chaque pays envers le bilinguisme ou le multilinguisme ?*

_____
_____
_____
_____
_____
_____
_____
_____
_____
_____
_____
_____
_____
_____
_____
_____
_____
_____

08.17 Littérature : suite *Lettre à Juliette Récamier* **de Benjamin Constant** *Imaginez une conversation entre Juliette et Benjamin qui se rencontrent dans un jardin par hasard, avant le départ de Benjamin. Évidemment, Benjamin est amoureux de Juliette, mais il part afin de poursuivre une carrière militaire. Juliette, est-elle fâchée, triste ou perplexe? Imaginez un petit dialogue entre les deux personnages.*

■ *Activités audiovisuelles*

08.18 Avant de regarder : que savez-vous déjà ? *Que savez-vous déjà de la Suisse ? Avant de regarder la vidéo, lisez les phrases suivantes et choisissez la réponse appropriée.*

1. La Suisse se trouve [à l'est, à l'ouest, au centre, au nord, au sud] de l'Europe.

2. La Suisse touche à la frontière de la France, l'Allemagne, l'Italie, et [la Roumanie, la République Tchèque, l'Autriche, le Luxembourg]

3. La capitale de la Suisse est [Zurich, Berne, Genève, Lausanne].

4. En Suisse, on parle français, allemand, italien et [anglais, romanche, polonais, greque]

5. En Suisse, pour dire « 92 », on dit [quatre-vingt-douze, nonante-deux, neuf-dix-deux, cent-moins-huit].

6. La Suisse est [une monarchie, une république, une confédération] qui date de 1291.

7. Les religions les plus populaires en Suisse sont le catholicisme et [l'islam, le buddhisme, le protestantisme].

8. La devise de la Suisse est "Paix et [Liberté, Égalité, Neutralité, Diversité]."

08.19 Avant de regarder : vocabulaire *Connaissez-vous les mots suivants ? Lisez les paragraphes suivants et essayez de comprendre le sens des mots en caractères gras (que vous allez entendre dans l'interview). Ensuite, répondez aux questions en choisissant la réponse la plus logique.*

1. On peut diviser une chose en parties. Une moitié, c'est quand on le divise en deux. Un **tiers**, c'est quand on le divise en trois. Un quart, c'est quand on le divise en quatre. Alors, si on a 9 euros, le **tiers**, c'est combien ?
   a. deux
   b. trois
   c. six

2. Un **chef** de cuisine, c'est la personne qui dirige la cuisine d'un restaurant. Il est responsable pour la qualité des plats servis. Un **chef** d'entreprise, c'est la personne qui dirige une compagnie. Il est responsable pour le succès de la compagnie. Un **chef d'escale**, c'est la personne qui dirige l'escale, un lieu où les passagers embarquent et débarquent les avions quand ils voyagent. Donc, un **chef d'escale** est une personne qui travaille où ?
   a. au restaurant
   b. à l'aéroport
   c. à l'école

3. Aux aéroports internationaux, on trouve souvent des **boutiques hors-taxe** où on peut acheter des souvenirs, des alcools, des produits régionaux, ou même des produits de luxe sans payer les taxes au pays qu'on quitte. Pourquoi est-ce que le voyageurs aiment acheter des produits dans ces **boutiques hors-taxe** ?
   a. il y a beaucoup de choix
   b. c'est moins cher
   c. c'est plus cher

4. Le **bois** est une ressource naturelle qui vient des arbres. On peut l'utiliser pour construire une maison ou pour faire un feu dans la cheminée. On peut aussi en faire des sculptures ou des décorations. On utilise cette **boiserie** pour orner l'intérieur ou l'extérieur d'un bâtiment. Une chose qui est faite de **bois**, c'est quoi ?
   a. une voiture
   b. des vêtements
   c. une table

5. Quand on fabrique à la main une chemise et quand il y a du tissu qu'on n'utilise pas, ce sont les **restes** du tissu. On peut utiliser les **restes** pour faire une petite poupée. Quand sa voiture ne marche plus et le mécanicien le démonte (*to take apart*), il y a peut-être des **restes** de la voiture, comme des morceaux de métal qu'on peut utiliser pour réparer une autre voiture. Quand on dîne au restaurant et on ne finit pas son repas, il y a des **restes**. Avec ces restes, on peut faire quoi ?
   a. déjeuner le lendemain
   b. faire une sculpture
   c. fabriquer un chapeau

08.20 Vidéo : profil personnel *Regardez l'interview du Chapitre 8 de votre vidéo « Points de vue » et puis indiquez si les détails suivants sur l'intervenant que vous y rencontrez sont vrais ou faux.*

1. Donald a grandi et est allé à l'école à Montreux.	vrai	faux
2. Donald a étudié la littérature française à l'Université de Genève.	vrai	faux
3. Donald a habité en Suisse, en Chine et aux États-Unis.	vrai	faux
4. Aujourd'hui Donald a un magasin de boiserie dans le Massachusetts.	vrai	faux
5. Donald aimerait retourner en Suisse pour rendre visite à sa famille.	vrai	faux

08.21 Vidéo : compréhension *Après avoir regardé le Chapitre 8 de la vidéo, répondez aux questions suivantes en cochant tout ce qui est vrai.*

1. En décrivant la Suisse au début de l'interview, Donald mentionne…

_____ les banques   _____ le chocolat

_____ les montres   _____ le tourisme

_____ les Alpes

2. À l'université, Donald a étudié…

_____ le management   _____ les relations publiques

_____ le tourisme   _____ l'aviation

_____ la cuisine

3. En parlant de ses artistes préférés, Donald décrit les sculptures de Tinguely, un artiste suisse qui utilisait quoi pour faire ses sculptures ?

_____ du marbre   _____ du métal

_____ du bois   _____ du plastique

4. La sculpture à Lucerne de l'artiste Albrecht Durer, représente…

_____ une montre   _____ le roi Louis XVI

_____ un massacre   _____ un lion

5. En parlant de ce qui lui manque, Donald mentionne…

_____ sa famille   _____ la nourriture

_____ les amis   _____ la musique

6. S'il allait voyager en Suisse cette année, où irait Donald ?

_____ à Genève   _____ à Montreux

_____ à Lausanne   _____ à Zurich

_____ à Gruyère   _____ à Neuchâtel

_____ à Berne   _____ à Zermatt

_____ à Lugano

7. D'après Donald, la Suisse est…

_____ la plus vieille confédération

_____ le pays le plus pittoresque de l'Europe

_____ le pays le plus neutre de l'Europe

_____ le pays le plus industriel de l'Europe

_____ le pays qui a le meilleur chocolat

8. Dans le clip sur « L'art », Thierry mentionne quels artistes ?

_____ de Vinci   _____ Delacroix

_____ Monet   _____ Manet

_____ Magritte   _____ Matisse

_____ Renoir   _____ Rembrandt

_____ Gauguin   _____ Dalí

_____ Picasso

08.22 Vidéo : structures (les phrases de condition) *Voici un résumé de l'interview du Chapitre 8. Après avoir regardé la vidéo, remplissez les blancs avec le verbe entre parenthèses. Attention à la conjugaison des verbes* **au temps qui convient.**

1. Si Donald n'avait pas étudié en Suisse, il (ne … jamais / aller) _____ au « gymnase », un type d'école particulière à la Suisse.

2. Si Donald n'avait pas travaillé chez SwissAir, il (ne … jamais / venir) _____ aux États-Unis.

3. Si son magasin de boiserie réussit, Donald et sa femme (rester) _____ à Danvers.

4. S'il devait choisir un artiste qu'il préfère, Donald (choisir) _____ Tinguely.

5. S'il n'avait pas vu les sculptures de Tinguely quand il était très petit, il (oublier) _____ cet artiste.

6. S'il voyageait en Suisse cette année, il (retourner) _____ obligatoirement aux villages qu'il a aimé par le passé.

08.23 Vidéo : structures (le superlatif) *Après avoir regardé la vidéo, faites correspondre les choses que Donald a mentionnées avec ses opinions à propos de ces choses.*

_____ 1. Tinguely est…   **a.** le pays le plus pacifique du monde !

_____ 2. Le lion de Dürer est…   **b.** le sculpteur le plus imaginatif de la Suisse !

_____ 3. La nourriture suisse est…   **c.** le village le plus pittoresque !

_____ 4. Zermatt est…   **d.** la sculpture la plus célèbre de la Suisse !

_____ 5. La Confédération helvétique est…   **e.** la plus naturelle et le plus fraîche !

08.24 Vidéo : vocabulaire *Répondez aux questions suivantes d'après ce que vous avez entendu et ce que vous avez vu dans la vidéo.*

1. D'après Donald, Tinguely a fait des sculptures avec des restes de quoi ?

_____

2. Quels adjectifs Donald emploie-t-il pour décrire les sculptures de Tinguely ?

_____

3. Quand et où est-ce que Tinguely a exposé ses sculptures pour la première fois ?

_____

4. Quel est le sujet de la sculpture de Dürer qui se trouve à Lucerne ? Décrivez-la.

_____

5. Quels adjectifs Donald emploie-t-il pour décrire cette sculpture de Dürer ?

_____

6. Dans le clip sur « L'art », Thierry explique pourquoi il aime les surréalistes comme Dalí et Magritte. Quelle est sa raison principale ?

_____

7. Pourquoi est-ce que Thierry aime Matisse ?

_____

08.25 Vidéo : culture *Réfléchissez à l'interview avec Donald et aux images de la Suisse que vous avez vues dans cette vidéo. Ensuite, répondez aux questions personnelles.*

1. Donald aime beaucoup son pays natal. Il répète plusieurs fois que la Suisse est un pays pittoresque et naturel. Si vous deviez choisir deux adjectifs pour décrire votre pays natal, quels deux adjectifs choisiriez-vous ? Pourquoi ?

   _____

   _____

   _____

   _____

2. Donald explique qu'il aime l'artiste Tinguely parce qu'il a vu ses sculptures impressionnantes quand il était un petit garçon. Vous souvenez-vous d'une œuvre d'art que vous avez vue pour la première fois comme enfant ? Croyez-vous que les enfants soient plus ouverts à apprécier les arts que les adultes ? Pourquoi ou pourquoi pas ?

   _____

   _____

   _____

   _____

3. Donald dit que, pour lui, être suisse, c'est « se sentir neutre ». D'où vient cette idée de neutralité ? Est-ce que vous vous sentez « neutre » vivant en Amérique du Nord ? Expliquez pourquoi ou pourquoi pas en comparant votre sentiment à celui de Donald.

   _____

   _____

   _____

   _____

9 Une affaire provençale

Pour réviser

■ *Activités orales*

■ *Activités écrites*

■ *Activités audiovisuelles*

Pour réviser

■ *Activités orales*

09.01 Comment dire : diminuer ou accentuer l'importance d'un fait *Vous êtes en Provence en voyage d'affaires. Vous écoutez lorsqu'Hervé, un de vos collègues, parle des problèmes qu'il a rencontrés en attirant un nouveau client. Voici quelques phrases que vous entendez. Écoutez et indiquez si la personne a diminué ou accentué l'importance de ce qu'il a fait.*

MODÈLE : Vous entendez : « J'ai mal prononcé son nom. Mais il n'y avait pas de mal ! »
Vous choisissez : a. diminué

1. **a.** diminué   **b.** accentué
2. **a.** diminué   **b.** accentué
3. **a.** diminué   **b.** accentué
4. **a.** diminué   **b.** accentué
5. **a.** diminué   **b.** accentué
6. **a.** diminué   **b.** accentué

09.02 Comment dire : s'expliquer (dictée) *Voici un extrait d'une lettre d'affaires que vous avez reçue du PDG de votre compagnie. Vous allez entendre le paragraphe trois fois. La première fois, écoutez attentivement. La deuxième fois, le paragraphe sera lu plus lentement. En écoutant, écrivez chaque phrase exactement comme vous l'entendez. La troisième fois, écoutez encore en relisant ce que vous avez écrit pour vérifier votre transcription.*

_____
_____
_____
_____
_____
_____
_____
_____
_____
_____
_____
_____
_____
_____
_____
_____
_____
_____
_____

09.03 **Comment dire : exprimer une obligation** *Votre collègue Hervé est dans le bureau de son patron où il promet d'améliorer sa performance professionnelle. Écoutez chacune de ses phrases et indiquez quelle expression d'obligation de la liste suivante Hervé emploie à la fin de chaque promesse.*

MODÈLE : Vous entendez : « Je promets de faire attention à bien prononcer les noms des clients. Je vous le garantis ! »

Vous choisissez : Je vous le garantis !

_____ 1.   **a.** Je vous donne ma parole.

_____ 2.   **b.** Vous pouvez compter sur moi.

_____ 3.   **c.** Pas moyen de faire autrement.

_____ 4.   **d.** Soyez sans crainte, je le ferai.

_____ 5.   **e.** Je ferai tout ce que je dois faire.

09.04 **Comment dire : l'emploi de mes rêves** *Imaginez que vous avez l'opportunité d'être engagé(e) pour faire l'emploi de vos rêves. Mais votre employeur veut être sûr d'engager la meilleure personne, alors il faut lui convaincre. Décrivez ce travail et n'oubliez pas de parler des choses suivantes :*

1. *une description de l'emploi que vous désirez*

2. *les raisons pour lesquelles vous voulez cet emploi*

3. *les qualités personnelles qui vous aideront à bien faire ce travail*

4. *votre promesse de prendre au sérieux vos responsabilités*

■ *Activités écrites*

09.05 **Vocabulaire : les affaires** *Pendant votre voyage en Provence, vous entendez plusieurs expressions qui se rapportent au monde des affaires. Quels autres mots de vocabulaire associez-vous à ces expressions ? Faites correspondre le mot de vocabulaire avec la liste de mots que vous y associez.*

_____ **1.** une grève   **a.** les actions, une société anonyme, l'économie

_____ **2.** le siège d'une entreprise   **b.** la publicité, la marque, des vendeurs

_____ **3.** la bourse   **c.** le PDG, des cadres, des succursales

_____ **4.** le marketing   **d.** les ordinateurs, les techniciens, le bureau

_____ **5.** la technologie   **e.** une manifestation, le chômage, des affiches

09.06 Structures : les pronoms relatifs *Vous récrivez un rapport pour votre patron et vous voulez faire des phrases sophistiquées. Reliez les deux phrases données en employant un* **pronom relatif.**

MODÈLE : J'ai parlé à des clients. Les clients s'intéressent à nos produits.
 J'ai parlé à des clients <u>qui</u> s'intéressent à nos produits.

1. J'ai fait une liste de produits. Les clients ont besoin de ces produits.

 J'ai fait une liste de produits _____ les clients ont besoin.

2. Nous jouissons d'une réputation aux États-Unis. La réputation est très bonne.

 Nous jouissons d'une réputation aux États-Unis _____ est très bonne.

3. J'ai un ordinateur. Je travaille sur l'ordinateur cinq heures par jour.

 J'ai un ordinateur sur _____ je travaille cinq heures par jour.

4. Je fais de la recherche sur nos compétiteurs. Nos compétiteurs sont nombreux.

 Je fais de la recherche sur nos compétiteurs, _____ sont nombreux.

5. Il y a plusieurs nouveaux produits. Nous devons étudier ces produits.

 Il y a plusieurs nouveaux produits _____ nous devons étudier.

6. J'aime bien travailler chez moi. Chez moi, il n'y a pas de distractions.

 J'aime bien travailler chez moi _____ il n'y a pas de distractions.

7. J'ai parlé à des clients. Ces clients voudraient renouveler leurs commandes.

 J'ai parlé à des clients _____ voudraient renouveler leurs commandes.

8. Je travaille souvent avec une équipe. La gérante est fière de notre équipe.

 Je travaille souvent avec une équipe _____ la gérante est fière.

09.07 Structures : les pronoms relatifs *Il y a un nouveau stagiaire* (intern) *dans le bureau. C'est son premier emploi dans un milieu professionnel et il vous interrompt avec beaucoup de questions. Décrivez pour lui ce que sont les choses suivantes en employant un* **pronom relatif.** *Il y a beaucoup de bonnes réponses possibles.*

MODÈLE : Un(e) comptable : C'est une personne…
 C'est une personne qui s'occupe de l'argent que l'on dépense et que l'on gagne.

1. Le PDG: C'est une personne _____

 _____

2. Un PowerPoint : C'est un logiciel (*software*) _____

 _____

3. La bourse : C'est un lieu _____

 _____

4. Une photocopieuse : C'est une machine _____

 _____

5. Une organisation à but non lucratif : C'est une organisation _____

 _____

6. Des secrétaires : Ce sont des personnes _____

 _____

09.08 Structures : la voix passive et la voix active *Vous retournez au rapport que vous écrivez et vous remarquez que vous avez trop souvent employé la voix passive. Corrigez vos phrases en les mettant à la **voix active**.*

MODÈLE : Les comptes ont été réglés par moi.
           J'ai réglé les comptes.

1. Les documents ont été classés par le stagiaire.

   _____

2. Nos produits sont vendus dans dix grands magasins américains.

   _____

3. Les publicités ont été publiées dans les journaux par l'équipe du marketing.

   _____

4. Beaucoup de questions seront posées par nos clients.

   _____

5. Des rabais intéressants devraient être offerts aux clients fidèles.

   _____

09.09 Vous rappelez-vous ? l'usage du verbe *devoir* *Le patron est fâché contre votre pauvre collègue Hervé qui continue à faire des bêtises. Voici ce qu'il lui dit. Complétez ses phrases avec une conjugaison du verbe **devoir** à un temps convenable.*

LE PATRON : Mais vous (1) _____ être fou ! Je vous ai dit que tout ce que vous
            (2) _____ faire c'était de téléphoner à Monsieur Arnaud et de lui dire
            combien il nous (3) _____ pour le chargement *(shipment)* que nous lui avons
            envoyé hier. Mais, vous, vous (4) _____ toujours vous tromper. Enfin,
            j'imagine que vous (5) _____ vous tromper hier parce que vous lui avez
            indiqué une somme qui est le triple de la somme qu'il (6) _____ payer !
            Ce n'est pas possible ! J'en ai assez de vos erreurs !

09.10 Recyclons ! les phrases de condition *Votre collègue a de sérieux problèmes. Il réfléchit à ses possibilités en ce qui concerne son avenir. Mettez les verbes à un temps convenable.*

1. Si le patron me renvoie, je (partir) _____ sans me plaindre. Avouons-le, je ne suis pas fait pour les affaires !

2. Mais, s'il me donne la possibilité de réparer ma faute, je lui (promettre) _____ de ne plus faire des bêtises.

3. Je ferais de mon mieux s'il m'en (donner) _____ l'occasion.

4. S'il n'avait pas été si exigeant, je (ne … pas / être) _____ si nerveux au travail.

5. Mais vraiment, si je devais choisir une autre carrière, je (choisir) _____ d'être acteur… ou au moins comédien !

09.11 Recyclons ! les pronoms compléments d'objet et les pronoms adverbiaux *Vous parlez au stagiaire de ce qui se passe au bureau. Il répète les phrases en abrégeant. Choisissez la meilleure réponse pour remplacer les mots indiqués avec un pronom complément d'objet direct ou indirect ou un pronom adverbial. Attention à l'ordre des pronoms.*

MODÈLE : Hervé m'a parlé de ses problèmes.
Hervé m'en a parlé.

1. Nous avons donné les documents au secrétaire.

   Nous [les lui, lui les, les leur, lui en] avons donnés.

2. Le patron a placé des publicités dans les journaux américains.

   Le patron [les y, leur en, y en, vous en] a placé.

3. Nos clients posent beaucoup de questions aux membres de notre équipe.

   Nos clients [les leur, leur en, y en, nous y] posent beaucoup.

4. Nous irons à la réunion afin de parler à Hervé.

   Nous [la, lui, en, y] irons afin de [le, lui, y, vous] parler.

09.12 Recyclons ! les prépositions *Hervé n'est pas très bon avec les clients, mais son bureau est très organisé. Il peut toujours mettre la main sur le document ou l'objet dont on a besoin. Le stagiaire, pourtant, ne sait pas où trouver ce dont il a besoin. Il a toujours tort. Hervé répond à ses questions au négatif. Ajoutez-y l'opposée de la préposition employée dans la question. Vous n'allez pas utiliser toutes les prépositions de la liste.*

dans	derrière	au-dessus de	à droite de
entre	près de	sur	à travers

MODÈLE : Les stylos sont sous le bureau ?
Non, les stylos sont sur le bureau !

1. Le fax est loin de l'ordinateur ?

   Non, le fax est _____ l'ordinateur.

2. Les affiches sont devant cette chaise ?

   Non, les affiches sont _____ cette chaise.

3. L'agrafeuse (*stapler*) est à gauche de la lampe ?

   Non, l'agrafeuse est _____ la lampe.

4. L'horloge est au-dessous de la porte ?

   Non, l'horloge est _____ la porte.

09.13 Recyclons ! les adjectifs et pronoms possessifs *En fin de compte, Hervé ne perd pas son job aujourd'hui. Les employés s'apprêtent à rentrer chez eux et ils distribuent les objets trouvés autour du bureau. Remplissez les blancs avec un* **adjectif possessif** *(mon, ton, son, etc.) ou un* **pronom possessif** *(le mien, le tien, etc.) selon le propriétaire indiqué. Faites attention à faire l'accord entre le nom et l'adjectif ou le pronom.*

MODÈLE : Les stylos sont à moi. Ce sont **mes** stylos. Ce sont les **miens** !

—L'agrafeuse (*f.*) est à toi. C'est (1) _____ agrafeuse. C'est la (2) _____ !

—Les dossiers sont à nous. Ce sont (3) _____ dossiers. Ce sont les (4) _____ !

—La calculatrice est à Hervé. C'est (5) _____ calculatrice. C'est la (6) _____ !

—Ces messages sont à eux. Ce sont (7) _____ messages. Ce sont les (8) _____ !

09.14 Culture : quiz culturel *Que savez-vous déjà ? Répondez aux questions suivantes en choisissant la meilleure réponse.*

1. La Provence est…
   a. une région en France
   b. une ville dans le sud de la France
   c. un département d'outre-mer
   d. tout ce qui n'est pas la région parisienne

2. Qu'est-ce qu'on peut trouver en Provence ?
   a. des plages
   b. des vignobles
   c. des ruines romaines
   d. toutes ces réponses sont valables

3. Quel endroit n'est pas en Provence ?
   a. Cannes
   b. la Corse
   c. Marseille
   d. la Côte d'Azur

4. La Provence s'est unie à la France sous Charles VII en quelle année ?
   a. 1377
   b. 1487
   c. 1804
   d. 1946

5. Laquelle n'est pas une région en France ?
   a. Bruxelles
   b. Champagne
   c. Bretagne
   d. Alsace

6. En Provence, on ne trouverait pas…
   a. de taureaux sauvages
   b. de chevaux sauvages
   c. de singes sauvages
   d. de marécages

7. Quel auteur a gagné un prix Nobel pour ses poèmes en provençal ?
   a. Alfred de Vigny
   b. Alphonse Daudet
   c. Frédéric Mistral
   d. Jean de La Fontaine

8. Le provençal est… ?
   a. une langue d'oc
   b. une langue romane
   c. une langue d'oïl
   d. les réponses a. et b. sont valables

9. Qui a plus de responsabilités dans une société ?
   a. le secrétaire
   b. le technicien
   c. le gérant
   d. le directeur-général

10. Si on veut investir son argent dans une société anonyme, on achète…
    a. des marques
    b. des actions
    c. des bénéfices
    d. la bourse

11. Si on est en France avec une carte bancaire et on veut retirer de l'argent de son compte, on cherche…
   a. le SMIC
   b. l'EDF
   c. un DAB
   d. un OVNI

12. Le sigle PNB veut dire…
   a. produit national brut
   b. produit normal de bénéfices
   c. presse non bénévole
   d. presse nationale bilingue

13. Laquelle des phrases suivantes est une litote ?
   a. « Pas de panique »
   b. « Soyez sans crainte »
   c. « Je ne le déteste pas »
   d. « Je te le promets »

14. L'expression « entre chien et loup » se dit pour décrire quel moment de la journée…
   a. midi
   b. le lever du soleil
   c. minuit
   d. le coucher du soleil

15. Si vous assistiez à une corrida, vous verriez quel type d'animaux ?
   a. des lions
   b. des chèvres
   c. des loups
   d. des taureaux

09.15 Culture : comparaisons *Est-ce que l'idée du régionalisme existe aux États-Unis ? Quels sont les caractéristiques de votre région ? Peut-on lier les traditions régionales à l'histoire de la région ? Comparez votre région et ses problèmes à la région provençale et sa situation vis-à-vis de la culture française ou même de la culture européenne. Y a-t-il des différences ou des similarités ?*

_____
_____
_____
_____
_____
_____
_____
_____
_____
_____
_____
_____
_____
_____
_____
_____
_____

09.16 Littérature : suite *Lettres de mon moulin* d'Alphonse Daudet *Imaginez une rencontre entre le narrateur (Daudet) et son ami, l'écrivain Gringoire, qui était le destinataire de son conte. Un mois s'est écoulé après que Gringoire ait reçu la lettre et le conte de Daudet. Est-ce que Gringoire a suivi les conseils de son ami ou non ? Est-il reconnaissant ou fâché ? Écrivez un petit dialogue entre les deux personnages.*

_____

_____

_____

_____

_____

_____

_____

_____

_____

_____

_____

_____

_____

_____

_____

_____

_____

_____

■ *Activités audiovisuelles*

09.17 Avant de regarder : que savez-vous déjà ? *Que savez-vous déjà des régions en France ? Avant de regarder la vidéo, lisez les phrases suivantes et indiquez la bonne réponse.*

1. [La Champagne, L'Aquitaine, La Bourgogne, L'Alsace, La Normandie] est une région qui se trouve au sud-ouest de la France.

2. La plus grande ville en Provence est [Avignon, Nîmes, Aix-en-Provence, Cannes, Marseille].

3. En Provence, on trouve beaucoup de [pommiers, pistes de ski, ruines romaines, villes industrielles].

4. Une plante typique de Provence est [la rose, la bougainvillée, la lavande].

5. En Provence, on est près de la Méditerranée, donc on mange beaucoup de [fruits de mer, bœuf, foie gras, poulet].

6. Le breton, l'alsacien, le basque et le catalan, ce sont [des plats régionaux, des produits traditionnels, des dialectes régionaux].

7. Le Languedoc-Roussillon est une région au [nord-est, sud-ouest, sud-est] de Provence.

8. En 1944, les Américains ont débarqué [en Provence, en Normandie, en Alsace] et ont participé à la libération de Paris.

09.18 Avant de regarder : vocabulaire *Connaissez-vous les mots suivants ? Lisez les paragraphes suivants et essayez de comprendre le sens des mots en caractères gras (que vous allez entendre dans l'interview). Ensuite, répondez aux questions en choisissant la réponse la plus logique.*

1. Une **voie**, c'est une route ou un chemin. Alors, une route à deux **voies**, c'est une route où deux voitures peuvent aller dans la même direction à côté l'une de l'autre. Métaphoriquement, une **voie** veut aussi dire une carrière ou une vocation qu'on poursuit. La **voie** de la Mère Teresa, qui a fait du travail bénévole en Inde, c'était quoi ?
   a. d'inventer l'Internet
   b. de voyager autour du monde en bateau
   c. d'aider les enfants pauvres

2. Parmi les fruits de mer qu'on peut manger, il y a beaucoup de créatures bizarres. Les **poulpes** sont des animaux avec une grosse tête au centre et beaucoup de bras flexibles qu'on appelle tentacules. Les **poulpes** ont combien de tentacules ?
   a. quatre
   b. huit
   c. douze

3. Il y a plusieurs types d'industries en France. L'**industrie de pointe**, par exemple, c'est toutes les entreprises de haute technologie et d'informatique. L'**industrie lourde**, c'est la fabrication de grosses machines comme des voitures. L'**industrie de service**, c'est toutes les entreprises qui offrent des services au public. Alors, un hôtel, c'est quoi ?
   a. une industrie de pointe
   b. une industrie lourde
   c. une industrie de service

4. Dans les pays de tradition catholique, comme la France, il y a toujours une fête religieuse à célébrer. En hiver, on fête Noël, la célébration de la naissance de Jésus. On offre des cadeaux et on décore un arbre. Au printemps, on fête **Pâques**, la commémoration de la Résurrection de Jésus. En France, on fête **Pâques** avec des œufs de Pâques ou des cloches en chocolat pour les enfants. Aux États-Unis, la fête de **Pâques** est associée à un petit animal avec de grandes oreilles qui s'appelle…
   a. un singe
   b. un ours
   c. un lapin

5. Claire ne savait pas ce que Gilles LaFfont faisait. Mais, après avoir parlé avec lui en Provence, **elle s'est rendue compte** de son vrai but. Parfois, il faut beaucoup d'explications pour **se rendre compte** des motivations des hommes. D'autres fois, **vous vous rendez compte** tout de suite. Claire **s'est rendue compte** que Jean-Louis cherchait le même manuscrit quand ?
   a. quand il l'a trouvée à Paris
   b. quand elle l'a rencontré en Louisiane
   c. quand ils sont arrivés au Sénégal

6. Si on veut qu'un produit ou un service ou une idée réussisse, on peut le **promouvoir** en parlant du produit aux autres ou en créant des publicités. Si on trouve un produit mauvais ou dangereux, on peut **bannir** le produit de sa maison ou d'un magasin. Si vous vouliez **promouvoir** le programme de français à votre école, vous pourriez créer des affiches. Si votre professeur **bannissait** l'anglais de votre salle de classe, vous parleriez uniquement quelle langue ?
   a. l'espagnol
   b. le russe
   c. le français

7. Si on est riche, on peut avoir une vie de **luxe**. On peut s'acheter des luxes comme une télé géante, un ordinateur hyper-performant, une belle voiture ou un magnum de champagne. Mais, si on oublie que ces choses sont des **luxes** et si on commence à s'attendre à ce qu'on vous donne toujours des choses **luxueuses**, on peut devenir **gâté(e)**. C'est-à-dire, ne plus apprécier les **luxes**. Quelquefois, il est bon d'être un peu **gâté(e)**, pour qu'on apprécie les **luxes** qu'on a. Mais, un enfant **gâté**…
   a. est très humble et respectueux
   b. reçoit toujours tout ce qu'il veut
   c. n'a pas beaucoup de jouets

🎬 **09.19 Vidéo : profil personnel** *Regardez l'interview du Chapitre 9 de votre vidéo « Points de vue » et puis indiquez si les phrases suivantes sont vraies ou fausses.*

    1. Catherine vient du nord de la France.   vrai   faux

    2. Sa région d'origine est le Languedoc-Roussillon.   vrai   faux

    3. Aujourd'hui, elle est médecin.   vrai   faux

    4. Elle voudrait faire un doctorat et devenir professeur de français.   vrai   faux

    5. La cuisine française lui manque.   vrai   faux

    6. Catherine aime les petits luxes et la bonne vie en France.   vrai   faux

🎬 **09.20 Vidéo : compréhension** *Après avoir regardé le Chapitre 9 de la vidéo, répondez aux questions suivantes en indiquant tout ce qui est vrai.*

    1. Catherine voulait venir aux États-Unis parce que...

         _____ elle rêvait toujours des États-Unis

         _____ sa grand-mère lui avait parlé de la libération de la France par les Américains

         _____ elle voulait gagner de l'argent

         _____ elle voulait un changement

         _____ sa mère voulait qu'elle étudie la médecine

    2. En parlant de son avenir, Catherine mentionne...

         _____ être médecin   _____ enseigner le français

         _____ devenir chef de cuisine   _____ se marier à un soldat américain

    3. En parlant de ce qui lui manque, Catherine mentionne...

         _____ la nourriture   _____ le poisson

         _____ le poulet   _____ les croissants

         _____ la viande   _____ la lavande

         _____ les mimosas   _____ le climat méditerranéen

    4. En ce qui concerne les industries et les produits régionaux du sud-ouest de la France, Catherine mentionne...

         _____ les fruits de mer   _____ le tourisme

         _____ les parfums   _____ la technologie

         _____ l'informatique   _____ la mode

    5. En décrivant ses souvenirs de Provence, Catherine mentionne...

         _____ les vacances   _____ les champs de lavande

         _____ les jeux de pétanque   _____ les marchés en plein air

         _____ la diversité ethnique   _____ le soleil

         _____ les pêcheurs

6. Quand Catherine parle de l'intérêt renouvelé aux dialectes en France, elle dit qu'on avait banni…

_____ le français   _____ le breton

_____ le basque   _____ l'alsacien

_____ le catalan   _____ l'anglais

7. Quand Catherine parle de son identité française, elle mentionne…

_____ les droits établis après la Révolution française

_____ les cathédrales   _____ les musées

_____ les luxes   _____ la famille

_____ le champagne   _____ la nourriture

8. Dans le premier clip sur « Les affaires », Véronique dit qu'elle peut travailler dans…

_____ une banque   _____ une université

_____ une compagnie d'assurances   _____ un hôtel

9. Dans le deuxième clip sur « Les affaires », Donald parle de quelles industries et produits suisses ?

_____ les banques   _____ les montres

_____ le chocolat   _____ la fabrication de machines

_____ la fabrication d'armements   _____ la fabrication pharmaceutique

_____ l'agriculture

10. Dans le troisième clip sur « Les affaires », Smaïn parle de quelles industries et produits algériens ?

_____ l'agriculture   _____ la fabrication de tapis berbères

_____ le tourisme   _____ le pétrole

_____ la pêche

09.21 Vidéo : structures *Après avoir regardé la vidéo, terminez les phrases suivantes avec un* **pronom relatif** *pour expliquer les noms donnés.*

1. Le Languedoc-Roussillon, c'est la région _____ Catherine est née.

2. Le français, c'est la langue _____ Catherine veut enseigner.

3. Les États-Unis est un des pays alliés _____ a libéré la France en 1944.

4. La « tielle », c'est une tarte _____ se fait de poulpes macérés.

5. Le tourisme est une industrie _____ on a besoin pour le succès de l'économie en Provence.

6. Le catalan est le dialecte _____ on parlait en Languedoc-Roussillon.

7. Les petits luxes sont les choses _____ Catherine se permet en petites doses.

09.22 Vidéo : vocabulaire *Répondez aux questions suivantes d'après ce que vous avez entendu et ce que vous avez vu dans la vidéo. Attention à l'usage des articles et du partitif !*

1. Catherine parle des produits et des industries les plus importants dans le sud de la France. Nommez-les.

_____

_____

2. Pourquoi est-ce qu'il y a « un taux de chômage assez fort » dans le sud, d'après Catherine ?

_____

_____

3. D'après Véronique, dans le premier clip sur « Les affaires », quels sont les avantages de son métier en informatique ?

_____

_____

4. D'après Donald, quelle est l'industrie la plus importante en Suisse ? Quelle est la deuxième industrie suisse ? Où sont les montres et les chocolats dans ce classement d'industries ?

_____

_____

5. D'après Smaïn, quelle industrie algérienne devrait être développée ? Pourquoi ?

_____

_____

09.23 Vidéo : culture *Réfléchissez à l'interview avec Catherine et les différences régionales en France dont on parle dans cette vidéo. Ensuite, répondez aux questions personnelles.*

1. En France, le tourisme et l'industrie de pointe sont très importants à l'économie nationale. En Suisse, c'est l'industrie lourde et l'industrie pharmaceutique. En Algérie, c'est le pétrole et l'agriculture. Quelles sont les industries les plus importantes aux États-Unis ? et dans votre région ? Comment est-ce que ces industries influencent la culture de votre région ? Voyez-vous leurs effets tous les jours ?

   _____

   _____

   _____

   _____

2. Catherine parle de la redécouverte des dialectes régionaux en France. Pourquoi, à son avis, est-ce qu'on devrait promouvoir les dialectes régionaux ? Est-ce qu'on essaie de promouvoir les accents régionaux aux États-Unis ? Est-ce qu'on veut promouvoir les langues maternelles des immigrants américains ? Expliquez.

   _____

   _____

   _____

3. Catherine dit que, pour elle, être française, c'est « aimer beaucoup les choses luxueuses, mais par petites doses. » Est-ce que cette idée de modération existe aux États-Unis ? Comparez les deux cultures en ce qui concerne la mentalité à propos des luxes et des indulgences.

   _____

   _____

   _____

   _____

10 De retour au Québec

Pour réviser

■ *Activités orales*

■ *Activités écrites*

■ *Activités audiovisuelles*

Pour réviser

■ *Activités orales*

🔊 **10.01 Comment dire : exprimer les émotions** *Vous êtes au Québec pour les jeux Olympiques d'hiver. Vous écoutez les interviews des joueurs sportifs à la télé dans votre chambre d'hôtel. Écoutez les descriptions des émotions des joueurs. Ensuite, indiquez de quelle émotion il s'agit en soulignant la bonne réponse.*

MODÈLE : Vous entendez : « Quel bonheur ! Je suis en pleine forme. »
              Vous choisissez : <u>le bonheur</u>

1. le bonheur	la tristesse	le choc	la peur	la colère
2. le bonheur	la tristesse	le choc	la peur	la colère
3. le bonheur	la tristesse	le choc	la peur	la colère
4. le bonheur	la tristesse	le choc	la peur	la colère
5. le bonheur	la tristesse	le choc	la peur	la colère
6. le bonheur	la tristesse	le choc	la peur	la colère
7. le bonheur	la tristesse	le choc	la peur	la colère
8. le bonheur	la tristesse	le choc	la peur	la colère

🔊 **10.02 Comment dire : conclure une histoire (dictée)** *Voici un extrait de la fin d'une longue lettre qu'une amie québécoise vous a écrite et dans laquelle elle parle de son divorce. Vous allez entendre le paragraphe trois fois. La première fois, écoutez attentivement. La deuxième fois, le paragraphe sera lu plus lentement. En écoutant, écrivez chaque phrase exactement comme vous l'entendez. La troisième fois, écoutez encore en relisant ce que vous avez écrit pour vérifier votre transcription.*

_____

_____

_____

_____

_____

_____

_____

_____

_____

_____

_____

_____

_____

_____

_____

_____

_____

_____

10.03 Comment dire : ma classe de français *C'est la dernière semaine de votre classe de français ! Vous ressentez beaucoup d'émotions et vous avez beaucoup de souvenirs. Décrivez votre expérience en apprenant le français et n'oubliez pas de parler des choses suivantes :*

1. *la durée de vos études de français*
2. *les émotions (positives ou négatives) que vous ressentez en ce moment*
3. *une chose que votre professeur vous disait souvent*
4. *un bon souvenir de cette classe*
5. *vos conseils pour les étudiants qui vont commencer à étudier le français.*

■ *Activités écrites*

10.04 Vocabulaire : la santé et les sports *Pendant votre voyage au Québec, vous entendez beaucoup de gens qui parlent des sports et de la santé. Terminez les phrases suivantes en choisissant les mots de vocabulaire appropriés.*

1. Si on aime la neige et la glace, on peut faire beaucoup de sports, comme :

   _____ le ski de fond

   _____ le vélo

   _____ le tennis

   _____ le tobaggan

   _____ le patinage

   _____ la planche à voile

2. Par contre, ceux qui préfèrent les sports nautiques devraient essayer :

   _____ l'équitation

   _____ le kayak

   _____ le basket

   _____ la natation

   _____ le patinage

   _____ la planche à voile

3. Personnellement, comme spectateur(-euse), je préfère regarder des sports d'équipe, comme :

   _____ le ski nautique

   _____ le base-ball

   _____ l'escalade de glace

   _____ le foot

   _____ le golf

   _____ le basket

4. On sait qu'on a la grippe quand on souffre des symptômes suivants :

   _____ on a la fièvre

   _____ on a mal aux dents

   _____ on a le nez qui coule

   _____ on est fatigué(e)

   _____ on a une démangeaison

   _____ on est paralysé(e)

5. Il y a des médecins pour chaque équipe aux jeux Olympiques. Ils ont tous les remèdes à tout mal possible. Si un athlète se casse la jambe, ils ont :

_____ une crème

_____ des vitamines

_____ un plâtre

_____ des béquilles

_____ un médicament

_____ du jus d'orange

10.05 Structures : les adjectifs et pronoms indéfinis *Vous écoutez lorsque les compétitions sportives continuent. Voici quelques observations que vous entendez des autres spectateurs. Vous voulez répéter les phrases en substituant un* **pronom indéfini** *à l'expression en caractères gras.*

MODÈLE : **Chaque skieur** sait ce qu'il doit faire.
<u>Chacun</u> **sait ce qu'il doit faire.**

1. **Quelques joueurs de hockey** sont blessés.

_____ sont blessés.

2. **Tous les spectateurs** s'attendent à un bon match.

_____ s'attendent à un bon match.

3. Respecter les règles est la responsabilité de **chaque individu**.

Respecter les règles est la responsabilité de _____.

4. J'irais **à n'importe quelle ville** afin d'assister aux jeux Olympiques.

J'irais _____ afin d'assister aux jeux Olympiques.

5. **Toutes les routes** mènent aux pistes de ski.

_____ mènent aux pistes de ski.

6. Je veux voir **chaque événement**.

Je veux voir _____.

7. Il est évident que **plusieurs juges** ont voté contre les patineuses américaines.

Il est évident que _____ ont voté contre les patineuses américaines.

8. Je connais **quelques patineuses** qui sont ici.

Je connais _____ qui sont ici.

10.06 Structures : le discours indirect *Il y a du monde dans tous les restaurants à Québec. Vous y allez avec de nouveaux amis québécois, mais vous n'arrivez pas à entendre les gens qui sont assis de l'autre côté de la table. Vous demandez à votre voisin de répéter ce que les autres disent, et il emploie le* **discours indirect.** *Mettez les verbes à la forme qui convient.*

MODÈLE : « Ce restaurant est un bon choix. »
   Elle a dit que ce restaurant <u>était</u> un bon choix.

1. « Regardons les menus ! »
   Ils ont dit de _____ les menus.

2. « Il faut essayer un plat québécois. »
   Elle dit qu' il _____ essayer un plat québécois.

3. « Prendrez-vous du vin ? »
   Il a demandé si vous _____ du vin.

4. « Nous vous offrons une bouteille. »
   Elle a ajouté qu'ils vous _____ une bouteille.

5. « L'équipe canadienne a fait un bon effort aujourd'hui. »
   Ils ont insisté que l'équipe canadienne _____ un bon effort aujourd'hui.

6. « Je préférerais regarder les jeux d'été. »
   Elle a avoué qu' elle _____ regarder les jeux d'été.

7. « Nous y irons un jour. »
   Il a répondu qu' ils y _____ un jour.

8. « L'équipe canadienne est la meilleure ! »
   Tout le monde a affirmé que l'équipe canadienne _____ la meilleure !

10.07 Vous rappelez-vous ? les verbes irréguliers *Voici quelques personnages historiques célèbres au Québec. Complétez leurs descriptions en mettant les verbes au* **passé composé.**

1. Jacques Cartier est un explorateur français qui (naître) _____ en 1491 et qui (mourir) _____ en 1557. Il a descendu le long du fleuve Saint-Laurent en Amérique du Nord et a nommé cette région la « Nouvelle France ».

2. Samuel de Champlain (venir au monde) _____ en 1567. Il est venu à la Nouvelle France comme colon et a fondé la ville de Québec. Il (décéder) _____ en 1635.

3. Marie de l'Incarnation est une religieuse qui a fondé le couvent des Ursulines à Québec pour soigner les malades et instruire les enfants. Elle (arriver au monde) _____ en 1599, et elle (expirer) _____ en 1672.

10.08 Recyclons ! les pronoms relatifs *Il y a beaucoup d'enfants qui assistent aux compétitions sportives des jeux Olympiques. Quelques-uns vous posent des questions à propos des sports américains. Décrivez pour eux ce que sont les choses suivantes en employant un* **pronom relatif.**

MODÈLE : un entraîneur (une personne)
C'est une personne qui aide les joueurs à améliorer leur performance sportive.

1. une piscine (un lieu) _____
   _____

2. un VTT (une bicyclette) _____
   _____

3. un stade (un lieu) _____
   _____

4. des patins (des chaussures) _____

5. des béquilles (des bâtons) _____

6. une casquette de base-ball (un chapeau) _____
   _____

10.09 Recyclons ! le subjonctif et le subjonctif passé *Les spectateurs offrent souvent des conseils aux athlètes, et bien sûr, ils expriment beaucoup d'émotions en regardant les jeux. Mettez les verbes au* **subjonctif,** *au* **subjonctif passé** *ou à l'* **indicatif.**

1. Il est nécessaire que vous (aller) _____ plus vite !

2. Nous sommes surpris que les juges n'(intervenir) _____ pas dans ce cas.

3. On est triste que l'équipe belge (perdre) _____ le match hier soir !

4. Il est probable que les skieurs (vouloir) _____ encore de la neige sur les pistes.

5. Je pense que nous (commencer) _____ à gagner !

6. Ils voudraient que leurs athlètes (être) _____ mieux préparés !

10.10 Recyclons ! le subjonctif et le subjonctif passé *Avez-vous des conseils pour les gens suivants que vous voyez aux jeux Olympiques ? Donnez des conseils en employant le* **subjonctif**, *le* **subjonctif passé** *ou* **l'indicatif**.

1. une patineuse qui pleure parce qu'elle a déchiré sa jupe :
_____
_____

2. un skieur qui s'est cassé la jambe :
_____
_____

3. des enfants qui veulent regarder un match de hockey mais qui n'ont pas de billets d'entrée :
_____
_____

4. un compagnon qui est enrhumé et ne peut pas quitter sa chambre d'hôtel :
_____
_____

5. l'équipe de ski du Sénégal qui vient de perdre tout espoir à gagner une médaille :
_____
_____

10.11 Recyclons ! les phrases de condition *Il y a des athlètes qui ont des regrets et d'autres qui ont de l'espoir ! Voici ce qu'ils disent des jeux. Mettez les verbes au temps qui convient.*

1. Si je n'étais pas tombée, je / j' (gagner) _____ la médaille d'or !
2. Si nous continuons comme ça, nous (avoir) _____ la possibilité de gagner.
3. Si tu (se ralentir) _____ un peu, tu profiteras plus de cette expérience !
4. Si elle voulait vraiment parler à la presse, elle (descendre) _____ de sa chambre.
5. Si mon équipe n'avait pas reçu une bourse, nous (ne … pas / pouvoir) _____ acheter notre équipement.

10.12 Recyclons ! le passé composé, l'imparfait, le plus-que-parfait *Voici le reportage d'un journaliste qui décrit l'ambiance avant le commencement d'une compétition de ski. Un jour plus tard, vous écrivez un article sur cette compétition que l'équipe a gagnée. Choisissez entre le* **passé composé**, *l'***imparfait** *ou le* **plus-que-parfait**.

> « Aujourd'hui, il fait beau. Le ciel est bleu et les skieurs sont prêts à commencer la compétition. Il a neigé hier soir, alors les pistes sont en bonne condition. L'entraîneur de l'équipe française affirme que tous les skieurs sont en bonne santé. Ils ont tous bien dormi hier soir et ils attendent patiemment le début de la compétition. Ils veulent gagner une médaille aujourd'hui. »

Hier, il (1) [a fait, faisait, avait fait] beau. Le ciel (2) [a été, était, avait été] bleu et les skieurs (3) [ont été, étaient, avaient été] prêts à commencer la compétition. Il (4) [a neigé, neigeait, avait neigé] la veille, alors les pistes (5) [ont été, étaient, avaient été] en bonne condition. L'entraîneur de l'équipe française (6) [a affirmé, affirmait, avait affirmé] que tous les skieurs (7) [ont été, étaient, avaient été] en bonne santé. Ils (8) [ont tous bien dormi, dormaient tous bien, avaient tous bien dormi] la veille et ils (9) [ont attendu, attendaient, avaient attendu] patiemment le début de la compétition. Ils (10) [ont voulu, voulaient, avait voulu] gagner une médaille hier.

10.13 Culture : quiz culturel *Que savez-vous déjà ? Répondez aux questions suivantes en choisissant la meilleure réponse.*

1. La capitale de la province de Québec est…
   a. Québec
   b. Montréal
   c. Ottawa
   d. Gaspé

2. Le premier explorateur français à parcourir le Québec était…
   a. Samuel de Champlain
   b. Jacques Cartier
   c. Paul de Comedey
   d. Louis XIV

3. La bataille entre les Français et les Anglais sur les Plaines d'Abraham a eu lieu en…
   a. 1980 et 1995
   b. 1960
   c. 1838
   d. 1759

4. La Révolution tranquille était…
   a. une guerre sanglante
   b. un mouvement artistique
   c. une renaissance culturelle et politique
   d. une pièce de théâtre

5. Lequel n'est pas un sport d'hiver ?
   a. le ski de fond
   b. la planche à voile
   c. le patinage
   d. la raquette de neige

6. Lequel n'est pas un symptôme typique de la grippe ?
   a. de la fièvre
   b. une toux
   c. un mal de tête
   d. mal à la cheville

7. Pour diminuer les symptômes d'une allergie, il faut…
   a. porter un plâtre
   b. prendre un comprimé
   c. se servir des béquilles
   d. être hospitalisé(e)

8. Combien de nations autochtones existaient au Québec avant l'arrivée des Européens ?
   a. dix
   b. onze
   c. trois
   d. vingt

9. Laquelle de ces industries n'était pas une industrie principale au Québec aux 16ème et 17ème siècles ?
   a. la traite de la fourrure
   b. le commerce du sirop d'érable
   c. la pêche
   d. la chasse à baleine

10. Dans quelle autre province canadienne trouve-t-on un grand nombre de francophones ?
    a. l'Ontario
    b. le Nouveau-Brunswick
    c. la Colombie-Britannique
    d. les réponses a. et b. sont valables

11. Qu'est-ce que Pierre de Coubertin a fait ?
    a. Il a fondé la ville de Montréal.
    b. Il a écrit le premier grand roman québécois.
    c. Il a rénové les jeux Olympiques.
    d. Il a gagné une médaille d'or aux jeux Olympiques.

12. Pour montrer votre tristesse, vous pouvez dire…
    a. « Je suis ravi(e) ! »
    b. « Quel cauchemar ! »
    c. « Tout va à merveille ! »
    d. « J'ai le cafard. »

13. Quand vous avez peur, vous pouvez dire…
    a. « C'est formidable ! »
    b. « Je suis en colère ! »
    c. « C'est choquant ! »
    d. « J'ai le trac ! »

14. Quelles sont les langues officielles du Canada ?
    a. le français et l'anglais
    b. l'anglais et les langues autochtones
    c. le français et les langues autochtones
    d. le canadien et le québécois

15. Si on veut dire qu'on va visiter la ville de Québec, on dit…
    a. « Je vais au Québec. »
    b. « Je vais à Québec. »
    c. « Je pars du Québec. »
    d. « Je pars de Québec. »

10.14 Culture : comparaisons *Le sport le plus populaire au Québec est le hockey sur glace. Quels autres sports y sont populaires ? Quel est le rapport entre les sports et la culture d'une région ou son environnement ? Quel est le sport national américain ? Y a-t-il un sport plus populaire dans votre région ? Faites l'analyse des sports québécois, des sports américains et des sports de votre région.*

_____

_____

_____

_____

_____

_____

_____

_____

_____

_____

_____

_____

_____

_____

_____

_____

_____

_____

_____

_____

10.15 Littérature : suite ***Les Anciens Canadiens* de Philippe Aubert de Gaspé** *Imaginez la conversation entre Jules et ses parents. Jules est heureux d'être enfin chez lui, mais il est triste de devoir partir bientôt pour la guerre. Quelle est la réaction de ses parents ? Imaginez un petit dialogue entre les trois personnages.*

_____

_____

_____

_____

_____

_____

_____

■ Activités audiovisuelles

10.16 Avant de regarder : que savez-vous déjà ? *Que savez-vous déjà du Québec et du Canada ? Avant de regarder la vidéo, lisez les phrases suivantes et choisissez la meilleure réponse pour les compléter.*

1. La capitale de la province du Québec est la ville de Québec, mais sa plus grande ville s'appelle [Gaspé, Chicoutimi, Montréal, Toronto].

2. La capitale du Canada est [Montréal, Toronto, Vancouver, Ottawa].

3. Les langues officielles du Canada sont l'anglais et le français, mais on trouve des francophones surtout au Québec, en Ontario, et [au Nouveau-Brunswick, en Colombie-Britannique, au Manitoba].

4. La guerre entre les Anglais et les Français pour la terre qui est aujourd'hui le Québec a eu lieu [au 17ème, au 18ème, au 19ème] siècle.

5. La Révolution tranquille a eu lieu pendant les années [1940, 1950, 1960, 1980].

6. Le mouvement séparatiste cherche à créer du Québec [une province plus autonome, un pays indépendant, un département d'outre-mer de France, un état américain].

7. Au Québec, on a les quatre saisons, mais [l'été, le printemps, l'hiver, l'automne] est particulièrement long.

8. Le sport national du Québec, c'est [le hockey sur glace, le ski, le patinage, la luge].

10.17 Avant de regarder : vocabulaire *Connaissez-vous les mots suivants ? Lisez les paragraphes suivants et essayez de comprendre le sens des mots en caractères gras (que vous allez entendre dans l'interview). Ensuite, répondez aux questions en choisissant la réponse la plus logique.*

1. Dans un musée de **beaux-arts** on peut voir des sculptures et des peintures. Mais, les **beaux-arts** ne sont pas seulement les arts plastiques, ils sont aussi les arts du spectacle, du théâtre et du cinéma. Si on veut travailler dans les **beaux-arts**, on peut devenir quoi ?
   a. un artiste
   b. un acteur
   c. les deux réponses précédentes sont bonnes

2. Au Québec, on va à l'école primaire et l'école secondaire, et puis on fait ce qu'on appelle « le **Cégep** ». C'est une étape intermédiaire entre l'école secondaire et l'université. Alors, quand on va au **Cégep** au Québec on a approximativement quel âge ?
   a. 12 ans
   b. 18 ans
   c. 25 ans

3. Le Québec est une région traditionnellement catholique. Les catholiques vont à **la messe** tous les dimanches, normalement au matin, pour écouter le prêtre et faire des prières. **La messe** a lieu dans quel endroit ?
   a. le restaurant
   b. l'église
   c. l'hôtel

4. Une **devise**, c'est une expression très connue qui devient comme un symbole d'un peuple, d'une compagnie ou d'une école. La **devise** des Québécois, c'est « Je me souviens ». La **devise** de Nike, c'est « Just do it ». La **devise** de la France, c'est quoi ?
   a. « Liberté, égalité, fraternité »
   b. « Tous pour un, et un pour tous »
   c. « L'Union fait la force »

10.18 Vidéo : profil personnel *Regardez l'interview du Chapitre 10 de votre vidéo « Points de vue » et puis indiquez si les détails suivants sur l'intervenant que vous y rencontrez sont vraies ou fausses.*

1. Sinbad parle français et anglais.	vrai	faux
2. Il a grandi aux États-Unis.	vrai	faux
3. Sa ville d'origine est Montréal.	vrai	faux
4. Sa passion est la philosophie.	vrai	faux
5. Il aime les films séparatistes de Pierre Falardeau.	vrai	faux
6. Sinbad est séparatiste.	vrai	faux
7. Il préfère parler français qu'anglais.	vrai	faux
8. Quand il était jeune, il jouait au hockey.	vrai	faux

10.19 Vidéo : compréhension *Après avoir regardé le Chapitre 10 de la vidéo, répondez aux questions suivantes en indiquant tout ce qui est vrai.*

1. Quand Sinbad décrit le Vieux-Québec, il parle…

   _____ des portes et des fortifications   _____ des spectacles

   _____ des monuments   _____ de l'histoire

   _____ des touristes   _____ des restaurants

2. En parlant de ses études, Sinbad mentionne…

   _____ les beaux-arts   _____ la philosophie

   _____ les maths   _____ le cinéma

   _____ l'histoire   _____ les médias

3. En parlant des films de Pierre Falardeau, Sinbad dit que…

   _____ Falardeau s'intéresse aux efforts de souveraineté

   _____ les films de Falardeau racontent l'histoire des séparatistes

   _____ Falardeau est un bon réalisateur

   _____ les films de Falardeau sont drôles

   _____ il faut être séparatiste pour aimer ses films

4. En parlant de ce qui lui manque, Sinbad mentionne…

   _____ la poutine   _____ la famille

   _____ l'université   _____ la langue française

   _____ les gens du Québec   _____ les expressions en français au Québec

5. En parlant des sports, Sinbad mentionne…

   _____ le hockey   _____ le football universitaire

   _____ le ski   _____ le patinage artistique

6. Quand Sinbad parle de la devise « Je me souviens », il dit que ça rappelle…

   _____ l'histoire du Québec   _____ les amérindiens

   _____ les immigrants   _____ les explorateurs français

   _____ les militaires français et anglais

7. Dans le premier clip sur « Les sports », Assata dit que l'équipe sénégalaise…

   _____ a perdu   _____ a joué contre la France

   _____ a gagné   _____ a gagné la Coupe du Monde

8. Dans le deuxième clip sur « Les sports », Thierry dit que les joueurs martiniquais…

   _____ jouent pour les équipes en France

   _____ jouent pour les équipes antillaises

   _____ ne jouent pas au basket

   _____ ne s'intéressent pas à la compétition sportive

10.20 Vidéo : structures *Après avoir regardé la vidéo, terminez les phrases en répétant ce que Sinbad a dit aux sujets suivants. Faites attention à la conjugaison des verbes au discours indirect.*

1. En parlant du Vieux-Québec, Sinbad a dit que _____
_____

2. Sinbad expliquait que Pierre Falardeau _____
_____

3. Sinbad a raconté que sa mère _____
_____

4. À propos des sports au Québec, Sinbad affirme que _____
_____

5. Sinbad dirait que le Québec _____
_____

10.21 Vidéo : vocabulaire *Répondez aux questions suivantes d'après ce que vous avez entendu et ce que vous avez vu dans la vidéo. Attention à l'usage des articles et du partitif !*

1. Sinbad parle de deux sports populaires au Québec. Quels sont ces sports ? Pourquoi sont-ils populaires ?
_____
_____

2. Sinbad décrit son expérience avec un tournoi internationale peewee quand il était petit. Quel sport jouaient les peewees ? Pourquoi est-ce qu'il aimait ce tournoi ?
_____
_____

3. Dans le premier clip sur « Les sports », Assata parle de quel sport au Sénégal ? Comment s'appelle l'équipe sénégalaise ? Pourquoi ?
_____
_____

4. Dans le deuxième clip sur « Les sports », Thierry parle de quels sports modernes populaires à la Martinique ?
_____
_____

5. Dans le dernier clip sur « Les sports », Thierry parle d'un sport traditionnel qui s'appelle « des courses de yoles ». Qu'est-ce que c'est ?
_____
_____

10.22 Vidéo : culture *Réfléchissez à l'interview avec Sinbad et aux images de Québec que vous avez vues dans cette vidéo. Ensuite, répondez aux questions personnelles.*

1. Qu'est-ce que c'est que la poutine ? Quels en sont les ingrédients ? Peut-on acheter de la poutine aux États-Unis ? Quel plat vous manquerait si vous étiez à l'étranger pendant un été ? Est-ce que ce plat a une signifiance culturelle pour vous ? Expliquez.

   _____

   _____

   _____

   _____

2. Quelles sont les trois expressions québécoises que Sinbad décrit ? Comment est-ce que ces expressions sont liées à la culture du Québec ? Y a-t-il une expression en anglais que les gens de votre région disent souvent ? Expliquez sa signification.

   _____

   _____

   _____

   _____

3. Est-ce que Sinbad est séparatiste ? Quelle est son attitude envers le mouvement séparatiste au Québec ? Expliquez.

   _____

   _____

   _____

   _____